はじめに

◆融資業務の機能

　金融機関の経営面から見た融資業務のはたらきは、収益の主な柱である貸出金利息を生み出すことを通じて、経営の安定に貢献することにあります。

　一方、融資業務は、地域において資金的な余裕のある人から預金として資金を集め、それを事業資金や生活資金として必要とする人に融資することにより地域に還元する仲介となる役割（これを「**金融仲介機能**」といいます）を果たします。

　また、最初に貸し出された資金が他の金融機関に預け入れられ、その預金が貸出金の原資として活用されることが何度か繰り返されることにより、地域社会における金融機関組織全体としての預金の残高は、当初預け入れられた資金以上に増大するという役割を果たします。これを「**信用創造機能**」といいます。信用創造機能は、地域社会において金融機関全体で安定してその基本的な機能を果たすことの重要性を示すものといえるでしょう。

◆いまこそ金融仲介機能の発揮が求められている

　地域金融機関を取り巻く経営環境は、人口減少や低金利環境の長期化により収益の低下を余儀なくされています。今後も人口の減少が続くなかでは、すべての金融機関が融資量を拡大するということは現実的ではなく、従来のように長短の金利差による収益を期待し、担保・保証に依存した融資の量的拡大を図ることが難しくなっています。

　こうした状況を打開するため、お客さまの収入や返済能力をきちんと審査せずに、アパート・マンション向けローンやカードローンなど個人ローンの残高を増やしている金融機関もありました。しかし、このようなビジネスモデルが長続きしないことは明白です。

　地域には、地域金融機関と同様、厳しい経営環境に直面し、経営改善や事業再生が必要な企業が多数存在しています。

　地域金融機関がこのような企業の事業内容をよく理解し、経営改善や生産性向上といった価値向上につながる有益なアドバイスやファイナンスを提供することは、金融機関自身にとっても安定的な顧客基盤と収益の確保が可能とな

り、地域経済の活性化にも貢献することができるものと考えられます（**共通価値の創造**）。

◆さまざまなお客さまのニーズに応えるために

　金融庁が実施した企業アンケート調査（2018年度）によれば、地域金融機関が事業性評価に取り組み、経営課題について納得感のある分析や対応を行っている、と考えている企業が約半数にのぼっています。また、これらの企業の9割弱が、このような取引金融機関との取引継続を強く希望している、という結果が出ています。

　こうした結果からは、金融機関が金融仲介機能を発揮していくうえで、取引先企業の経営課題等に耳を傾け、企業と向き合うことはもとより、自身の分析結果を伝え、企業との間で認識を一致させて共通理解の醸成を進めていくことが、金融機関にとっても安定的な顧客基盤の確保につながっていくことがうかがわれます（2019年8月「利用者を中心とした新時代の金融サービス〜金融行政のこれまでの実践と今後の方針〜（令和元事務年度）」）。

　冒頭で述べたように、金融をめぐる環境が大きく変化してきている中、金融機関が貸出先から選ばれる時代となっています。さらに、金融サービスの受け手のニーズが多様化しており、地域企業は、融資取引のみならず、事業承継、M＆A、販路開拓、人材派遣、オーナー経営者の資産運用等、多様なニーズを持つようになっています。

　このような環境下で、さまざまなお客さまのニーズに応えるため、自らの強みを活かし、顧客との関係性（リレーション）により事業への理解を深めて、コンサルティング機能を発揮しつつ資金ニーズに対応する必要があります。さらに、コロナ禍が地域経済に甚大な影響をもたらす中、金融機関には、継続的に事業者の業況等についてきめ細かく実態を把握し、資金繰り支援を適切に行っていくことが、これまで以上に強く求められています。

　このテキストは、これから融資業務に携わる人や渉外担当者の皆さんを対象に、必ず知っておきたい実務知識を学習することを目的としています。その範囲は、融資の受付から管理・回収まで多岐にわたっていますが、できるかぎりわかりやすく解説しました。皆さんがテキストの内容をしっかりと身につけて日常業務で実践することにより、お客さまから信頼される融資担当者として活躍されることを期待しています。

第❶章　まず、知っておきたいこと

第❷章　融資取引の種類は？

第**3**章　融資の受付・審査

第❹章　担保・保証

第❺章　融資の実行と管理・回収

表紙デザイン・株式会社ヴァイス

第 **1** 章

まず、知っておきたいこと

●この章のねらい●

　第1章では、融資業務に携わるにあたって必要となる基本的な知識を学習します。

　融資業務の意義をはじめ、近年重要性を増しているコンプライアンス（法令等の遵守）や、業務の裏付けとなる法令やルール、お客さまから融資の申込みを受けたときの対応、そして、お客さまのご要望をお聞きし、どのような内容の融資で対応したらいいのかなど、融資業務を行うにあたっての基礎となる知識について解説していきます。

1. 融資業務を行う際の留意点

　お客さまの信用を得て、銀行に対する信頼をさらに高めることは、融資業務にかかわらず銀行業務全般にわたって大変重要なことです。では、どのような点に注意が必要なのか考えてみましょう。

1 コンプライアンスの重要性

　融資担当者としての第一歩は、銀行がコンプライアンスを広く求められていることを理解することから始まります。コンプライアンス（法令等の遵守_{じゅんしゅ}）とは、業務を遂行するうえで必要となる法令や規定・ルール（モラル・常識・マナーなども含む）の趣旨・目的を理解したうえで、それらを遵守しつつ適切な業務運営を行うことであり、銀行は、お客さまの大切な財産を預かり、それを融資したり、有効な資金運用に回しているために、とくに重要視されています。

融資の第一歩は、コンプライアンスを理解することから

　そのために他の業種に比べて法令による規制が多く、したがって、銀行では内部の規程・規約・規則が多く存在しています。銀行が国民経済に及ぼす影響力は大きく、金融機能を通じて地域経済の発展に役立つための公共的・社会的使命と責任を負っており、それを果たすための健全な活動が求められているのです。

　コンプライアンスは、銀行業務全般にわたって大変重要なものですが、とくに融資業務にとっては重要です。融資業務を行うにあたっては、法令やルール等を逸脱しないように心がけることが大切で、**お客さまへの説明態勢**が構築されているか、そしてそれが機能しているかどうかが問われます。

①　お客さまへの説明態勢の確立と相談・苦情処理機能の充実・強化
②　契約時の説明、意思確認等について、お客さまの十分な理解と納得を得ること、的確な情報等の提供
③　貸付契約、担保設定契約または保証契約締結時における契約書等の契約内容を記載した書面の交付

　以上のように、お客さま（取引先）への十分な説明が、トラブルを未然に防

止し、苦情やリスクを回避することにつながるのです。

　このように、融資の担当者になるということは重要な責任を担うことになります。その心構えをいまからつくっておくことが必要です。

2 コンプライアンス違反

　融資業務についてのコンプライアンス違反となる行為、つまり、融資先に対して絶対にしてはならない行為として、次のようなものがあげられます。

❶守秘義務違反

守秘義務☞ p.106

　銀行の役職員は、取引により知り得た取引先の秘密を第三者に漏らしてはならないという、守秘義務を負っています。

　銀行は、お客さまとの取引によってお客さまの資産内容やプライバシーなど、さまざまな事実を知りうる立場にあります。お客さまは銀行を信頼して取引しているわけですから、銀行は、これらの事実を正当な理由なく第三者に漏らしてはならないという法的義務を負担しているのです。

銀行はお客さまの秘密を第三者に漏らしてはならないという義務を負っています

　したがって、銀行の役職員が顧客の秘密を正当な理由もなく第三者に漏らした場合には、守秘義務違反として、債務不履行、不法行為による民事上の損害賠償責任を負うことになります。

❷優越的地位の濫用

　独占禁止法は、取引上優越した地位にある事業者が、取引の相手方に対し、正常な商慣習に照らして不当に不利益を与えることを禁止しています。融資を提供する金融機関は、融資先に対して優位な立場にあり、その立場を利用してお客さまに不利な行為や不利益を与える行為をしてはならない、ということです。

　次のような行為が「優越的地位の濫用」として禁止されており、違反すると排除措置命令や課徴金納付命令の対象となります。

独占禁止法で「優越的地位の濫用」として禁止されている行為

　　① 　融資に関する不利益な取引条件の設定・変更

- ●正当な理由がないにもかかわらず、融資先に対し金利の引き上げを受け入れさせ、または契約に定めた返済期限の前に返済させること。
- ●債権保全に必要な限度を超えて、過剰な追加担保を差し入れさせること。
- ●融資先に対し、期末を越える短期間の借入れや一定率以上の借入シェアを維持した借入れを余儀なくさせること。

② 自己の提供する金融商品・サービスの購入要請

● 債権保全に必要な限度を超えて、融資にあたり定期貯金等の預入れ・増額を受け入れさせ、または貯金が担保として提供される合意がないにもかかわらず、その解約に応じないこと。

● 融資先に対し、自己の提供する金融商品・サービスの購入を要請すること。

③ 関連会社等との取引の要請

● 融資にあたり、自己の関連会社等が提供する金融商品やサービスの購入を要請すること。

● 融資にあたり、自己の関連会社等と継続的に取引するよう強制すること。

④ 競合金融機関との取引の制限

● 融資先に対し、他の金融機関から借入れを行う場合には貸出条件等を不利にする旨を示唆して、他の金融機関から借入れをしないよう要請すること。

● 自己の関連会社の競争者等との取引を制限することを条件として融資を行うこと。

⑤ 融資先の事業活動への関与

● 融資等を通じた影響力を背景として、融資先の事業活動に対して不当に関与すること。

❸説明責任の不備

融資に関する事務手続を進めるに際して、お客さまに対して融資の内容の重要な事項を十分に説明するとともに、お客さまがその説明について理解しているかを確認することが重要です。また、債務者や保証人へのリスクについての情報提供を行うことも必要です（16ページ参照）。

❹反社会的勢力とのかかわり

暴力団およびその関連企業など反社会的勢力との取引は禁止されています。融資担当者として十分に確認する必要があります。

銀行取引約定書には暴力団排除条項が盛り込まれています（☞ p.24）

❺浮 貸 し

「浮貸し」とは、銀行の役職員が、金融機関の資金や取引先から預かった金銭を、正規の勘定に計上せずに第三者に融資することなどをいいます（出資法3条）。また、正規の手続をとらずに金銭の貸し借りの仲介をしたり、自己資金を個人的に融資先に貸し付ける行為や融資先の債務を保証する行為なども含ま

れます。正規の勘定に計上しないで浮いている資金を貸すということから、浮貸しといわれます。

浮貸しの原資が銀行や取引先のものであるときは、業務上横領罪に問われます（刑法253条）。刑法と出資法の双方にふれる場合には、刑法が優先的に適用されます。取引先と親密・懇意になることはよいことですが、それにも一定の限度があるわけですから、くれぐれも癒着には注意が必要です。

❻導入預金

多額の預金を受け入れる代わりに、特定の第三者に無担保で融資することを約束したり、第三者のために債務の保証をすることを条件とするような行為は、「預金等に係る不当契約の取締に関する法律」で禁止されており、違反した場合には刑罰の対象となります。

❼歩積・両建預金

「歩積預金」とは、手形の割引に際して、割引を行う企業等に割引額の一部を預金させるもので、「両建預金」とは、融資に際して、融資額の一部を預金させるものです。いずれも返済が終わるまで引き出すことができない拘束預金です。

銀行間の過当な預金獲得競争に利用され、その結果、融資先は融資の表面金利を上回る実質金利を負担させられるため、過当な歩積・両建預金は独占禁止法の禁じる「優越的地位の濫用」と解され、違反すると業務停止命令や業務改善命令などを受ける場合があります。

❽融資予約

顧客に融資を受諾したと期待させるような行為です。

❾背任行為

融資先に問題があることを知りながら、個人的に親しいという理由で融資を実行するような行為です。

❿大口融資規制違反

銀行の健全性を確保するため、同一取引先に対する大口融資を規制する法律の規定（銀行の自己資本の額の一定割合に相当する信用供与等限度額の定め）に違反することです。

2. 融資担当者に必要な法律知識

1 法律・判例と内部規程

　わが国では、融資取引について規制する統一的な法律はありません。したがって、融資取引にあたっては、個別に各法律の規定の中から探し出して対応していかなければなりません。

　銀行では、融資を実行するにあたっての内部規程が定められていると思いますが、これらは法律の規定や裁判例に基づいて作成されているはずです。これらの規程には、回収見込みがない融資、風俗業などのいかがわしい商売、外部団体の圧力などの息がかかった融資、環境破壊につながる融資などは受け付けてはならないことなどが記されています。

　ところが、銀行の内部規程はイレギュラーな細かい便宜扱いまで規定しているわけではないので、そのようなケースへの対応には、法的知識に基づいた的確な判断が望まれます。

2 まずは民法からマスターしよう

　融資取引に関連した必要な法律としては、銀行法や信用金庫法などはもちろんのこと、民法、会社法、手形・小切手法などが重要ですが、そのほかにも個別の事案によって必要になる法律は数多くあります。

融資業務の基本的なルールは民法等に定められています

　これらをマスターしていく場合に、まず民法から入るのが適当でしょう。民法は、私たちが社会生活を営むうえでの基本的なルールを定めたものです。そして、融資取引に必要な法令の基本となるのが民法なのです。

　また、取引に関して事故やトラブルがあった場合に、その対応について民法などの法律の条文を読んでも、具体的にどう考えればよいのかわからないようなときに判断の基準になるのが、過去の裁判例（判例）です。同種の事件が発生した場合、その判例をみることにより、皆さん方の直面している問題が訴訟になると、結局どのような判決が下されるのかということが、あらかじめ予測可能になるからです。とくに、最高裁判所の判例は、実務上の判断基準となります。

3.　融資業務における説明責任

　現在、銀行は厳しい競争の中で、生き残りをかけて収益確保のために融資の推進を図っています。そのためには、お客さまが銀行に何を求め、何を期待しているのかを知り、**お客さまのニーズを的確につかま**なければ、取引の深耕・推進にはつながりません。しっかりと納得のいく**十分な説明**と**適切な対応**がお客さまの理解を得られ、それが信頼獲得につながり、そして、融資に関する苦情やトラブルを未然に防ぐことにつながるのです。

銀行には「与信取引等に関する説明態勢」の整備が求められています

　苦情にはさまざまなケースがありますが、融資業務の場合、その多くは、融資担当者の知識不足や勉強不足からくる**説明不足**に起因しています。苦情・トラブルを招く融資担当者の対応としては、次のようなことが考えられます。

①　申込みの受付とその曖昧な回答（返事）や回答の失念

　融資の申込みや相談などの案件についての判断をためらった結果、その可否の回答を長引かせたり、曖昧な返答をしたため、そのときの状況からみてお客さまが、融資を受理されたと思い込む、というような誤解を招いてしまった、というケースです。

　また、忙しさにまぎれてお客さまへの回答を忘れてしまったために、お客さまからクレームを受けるといったことも、まれに見受けられます。

②　融資内容の説明を怠ったための苦情・トラブル

　融資における苦情・トラブルは、どのようなケースの場合も、説明不足や、説明を怠ったために生じたものが多く、結果として、お客さまにしてみると、「そんな話は聞いていない」「そんなはずではなかった」というケースが多いように思われます。よくあるケースに、「追加で担保が必要となる」旨の説明をしていなかったり、失念したような場合があります。

お客さまからの苦情・トラブルの多くは、担当者の説明不足に起因しています

　取引先から担保として取得していた土地（更地）に、銀行が知らないうちに建物が建築されていたようなケースにおいて、その建物に対して追加で担保を提供していただく必要がある旨をあらかじめ取引先に説明し、了解を得ていなかった場合、取引先から「建物を担保提供するような話は聞いていない」などのクレームを受けることがあります。

貸付契約およびこれに伴う担保・保証契約に関する顧客への説明

1 契約時点等における説明

① 商品・取引の内容およびリスク等の説明

- 契約の意思形成のために、顧客の十分な理解を得ることを目的とした、必要な情報の的確に提供する。

- **住宅ローン契約**…利用者に適切な情報提供とリスク等に関する説明を行う。特に、金利変動型または一定期間固定金利型の住宅ローンに係る金利変動リスク等について、十分な説明を行う。

- **個人保証契約**…保証債務を負担するという意思を形成するだけでなく、その保証債務が実行されることによって自らが責任を負担することを受容する意思を形成するに足る説明を行う。

- **経営者等との間で保証契約を締結する場合**…「経営者保証に関するガイドライン」に基づき、「どの部分が十分ではないために保証契約が必要となるのか」「どのような改善を図れば保証契約の変更・解除の可能性が高まるか」などについて、主債務者と保証人に対して丁寧かつ具体的に説明を行う。

- **連帯保証契約**…補充性（主たる債務者が債務を履行しない場合にはじめてその債務を履行すればよいという性質）や分別の利益（複数人の保証人が存在する場合、各保証人は債務額を全保証人に均分した部分（負担部分）についてのみ保証すれば足りるという性質）がないことなど、通常の保証契約とは異なる性質を有することを、相手方の知識、経験等に応じて説明する。

連帯保証☞ p.128

- **経営者以外の第三者との間で個人連帯保証契約を締結する場合**…契約者本人の経営への関与の度合いに留意し、原則として、経営に実質的に関与していない場合であっても保証債務を履行せざるを得ない事態に至る可能性があることについての説明を行うとともに、保証人から説明を受けた旨の確認を行う。

- **経営者以外の第三者と根保証契約を締結する場合**…原則として、契約締結後、保証人の要請があれば、定期的または必要に応じて随時、被保証債務の残高・返済状況について情報を提供する。

根保証☞ p.129

- **信用保証協会の保証付き融資**…利用する保証制度の内容や信用保証料の料率などについて、顧客の知識、経験等に応じた適切な説明を行う。

② 契約締結の客観的・合理的理由の説明

顧客から説明を求められたときは、事後の紛争等を未然に防止するため、

お客さまの知識、経験、財産の状況、および取引を行う目的に応じた説明が求められます

契約締結の客観的・合理的理由についても、顧客の知識、経験等に応じ、その理解と納得を得ることを目的とした説明を行う。

- **貸付契約**…貸付金額、金利、返済条件、期限の利益の喪失事由、財務制限条項等の契約内容について、顧客の財産の状況を踏まえた契約締結の客観的・合理的理由
- **担保設定契約**…極度額等の契約内容について、債務者との取引状況や今後の取引見通し、担保提供者の財産の状況を踏まえた契約締結の客観的・合理的理由
- **保証契約**…保証人の立場および財産の状況、主債務者や他の保証人との関係等を踏まえ、当該保証人との間で保証契約を締結する客観的・合理的理由

③　契約の意思確認

　　契約の内容を説明し、契約意思があることを確認した上で、行員の面前で、契約者本人から契約書に自署・押印を受けることを原則とする。特に、保証意思の確認に当たっては、契約者本人の経営への関与の度合いについても確認する。

④　**契約書等の書面の交付**

　　契約を締結したときは、原則として契約者本人に契約書等の契約内容を記載した書面を交付する。

2　取引関係の見直し等の場合の対応

①　**契約締結後の金利の見直し、返済条件の変更、保証契約の見直し、担保追加設定・解除等の場合**

　　これまでの取引関係や、顧客の知識、経験、財産の状況および取引を行う目的を踏まえ、顧客の理解と納得を得ることを目的とした説明を行う。

②　**顧客の要望を謝絶し貸付契約に至らない場合**

　　これまでの取引関係や、顧客の知識、経験、財産の状況および取引を行う目的に応じ、可能な範囲で、謝絶の理由等についても説明する。

③　**延滞債権の回収、債権譲渡、企業再生手続および債務者や保証人の個人再生手続等の場合**

　　これまでの取引関係や、顧客の知識、経験、財産の状況および取引を行う目的に応じ、かつ、法令に則り、一連の各種手続を段階的かつ適切に執行する。また、手続の各段階で、顧客から求められれば、その客観的・合理的理由を説明する。

期限の利益
☞ p.23

※金融庁「中小・地域金融機関向けの総合的な監督指針」Ⅱ－3－2－1－2　与信取引等に関する顧客への説明態勢・主な着眼点より抜粋

不動産を担保にとる場合、通常、土地とその土地の上に建築されている建物 重要
双方を担保として取得するのが基本ですが、事情によって、建物が建っていな
い土地（更地）のみを担保として取得するような場合は、融資実行時にかなら
ず、将来、建物が建った場合にそなえて、そのようなときには建物を追加担保
として差し入れていただく必要がある旨の了解を事前に得ておくことが鉄則で
す。

また、第三者が担保提供者の場合や保証人の意思確認は、必ず役席者同席の
うえ面前で確認します。

とくに、融資を実行するにあたって、取引先から具体的な話、たとえば融資
金額などの貸出条件や担保設定に関する契約、あるいは保証契約はどうなの
か、などについて説明を求められたときに、相手の理解と納得を得られるよう
なわかりやすい説明を行う必要があります。

説明責任を適切に果たすためには、担当者自らが必要書類等の内容を十分理
解しておくことが必要となります。

説明不足等により、融資の実行予定日や融資額の変更、金利引上げの交渉、
あるいは担保・保証をめぐる追加担保の条件変更等について苦情等を招くこと
のないよう、十分に注意すべきです。

3 必要書類の不備と提出依頼漏れ

よくあるケースは、契約書を訂正しなければならない場合、あるいはすでに
お客さまから提出いただいた書類に訂正が生じたような場合、訂正印が必要と
なってしまったが、訂正印を依頼するのに時間を要したため、お客さまに迷惑
をかけ怒らせてしまった、というようなケースです。

契約書の取り交わしは、融資実務の基本です。この契約書に基づいて融資を
実行するのですから、契約時または事前に、契約書の内容について十分な点
検・確認が必要です。万一の場合、契約書を作り直すような事態が生じないと
も限りません。お客さまの署名捺印（記名押印）は、契約内容について一つひ 署名捺印 ☞ p. 143
とつ確認してもらいながら、関係者全員同席のもとで行うのが原則です。

その他、必要書類の提出依頼を失念してしまい、何度もお客さまに足を運ば
せ、迷惑をかけてしまうようなケースもあります。とくに、企業の営業状況を
把握するための試算表、資金繰り表などは、融資の実行に欠かせない書類です
から、事前に必要書類の確認をしておきましょう。

④ 案件事項の放置と失念

　このようなミスは、融資事務に限らず、よくあるケースです。

　案件事項を上司に相談せず、書類を抱え込んだり、机の引き出し等に入れたまま、放置してしまった、あるいは、お客さまからの口頭による融資案件の打診や相談事を上司に伝えていなかったといったことですが、その原因の多くは、上司との関係が日頃からうまくいかず、ギクシャクしていたり、遠慮があったりして、つい相談しそびれてしまうというようなことが多いようです。やはり、日頃から上司、あるいは同僚とのコミュニケーションが大切であることを痛感します。

4.　銀行取引約定書を熟読しよう

　融資業務は、お客さまから預かった大切なお金を、借入を必要とするお客さまへ融資（貸付）する仕事です。融資の実行は、お客さまと銀行が融資のための契約を結び、そのうえで銀行がお金を貸すことをいいます。

　融資を実行する際に、担当者は融資先（取引先）に対して、融資についての説明責任を果たさなければなりません。そのためには、担当者自身が必要書類等の内容を十分理解しておくことが大切です。

　一方、銀行がお客さま（企業・事業者）とはじめて融資取引（銀行が信用を与えて行う取引ですから、「与信取引」ともいいます）を行う際には、銀行とお客さまとの間で「銀行取引約定書」を取り交わすことになっています。

　融資取引は、多数のお客さまを相手として、継続・反復して行われます。そして、銀行と融資先との間では、いろいろな法律関係が生じてきます。その関連する法律としては、民法をはじめとして、会社法、手形・小切手法などの法律があります。しかし、その法律は抽象的で一般論であり、実務のうえでは具体的内容が不明確です。

　そこで、お客さまと銀行が新たに融資取引を開始する場合には、銀行取引約定書を取り交わします。

　銀行取引約定書は、継続的な融資取引を行う場合の基本約定書であるとともに、融資取引全般に共通する重要で基本的な事項を定めた契約書です。なお、取引の種類によっては、詳細な条件等を定めた個別契約書を取り交わす場合が

銀行取引約定書は、融資取引の基本的な契約書

ありますが、その場合は個別契約書の内容が優先されます。

　また、銀行取引約定書を取り交わす理由として、融資取引が発生するたびに約定書を取り交わす手間を省き、融資契約についての法律ではカバーできない部分を補う必要がある点があげられます。

　法律では不都合が生じる事態を回避する条項が盛り込まれていること、取引先ごとに異なった約定書を取り交わしたり、同じ取引先であっても取引が発生するたびに約定書を取り交わしていると煩雑になり支障が生じることもあります。

　このような煩わしさを避け、効率をよくするなどの点もあげられます。

　融資業務に携わるにあたって、銀行取引約定書の理解を深めることは必要不可欠です。そして、それが将来のトラブル発生を未然に防止する重要な手段であることにも注目してください。

　なお、銀行取引約定書は、全国銀行協会によって1962（昭和37）年に「銀行取引約定書ひな型」が制定され、各銀行ではこのひな型をベースに融資取引が行われてきましたが、2000年4月、金融自由化や消費者保護などの高まりから、全国銀行協会はこのひな型を廃止しました。

　このような背景のもと、各銀行で独自に銀行取引約定書を見直すことが望まれるようになり、現在ではすべての銀行が独自の銀行取引約定書を作成しています。以下、一般に採用されていると思われる条文をもとに解説していきます。

1 銀行取引約定書には何が記載されているのか

　前述したように、銀行取引約定書は、手形貸付、証書貸付、手形割引などのすべての与信取引（融資取引）に共通して、銀行とお客さまとの間で取引の基本的な事項を定めたもので、与信取引の円滑化を図るために、お客さまと銀行の権利や義務等について特約を結んだものです。

　第1条（適用範囲）では、銀行取引約定書が適用される取引の範囲を定めています。第1項では、手形貸付をはじめ、手形割引、証書貸付、当座貸越、支払承諾（債務保証）など、与信取引に関するほとんどすべての科目にわたって、この約定書が適用されることを規定しています。

　さらに、「その他いっさいの銀行取引」として、貸付有価証券、当座過振りなども含めています。ただし、預金取引、為替取引などの受信取引には、この約定書の適用はありません。

　なお、住宅ローンをはじめとする消費者ローンや日本政策金融公庫の代理貸付等については、銀行取引約定書とは別の体系となっていますので、注意して

融資取引を円滑にするため、取引で生じる権利や義務のうちもっとも基本的な事項についての特約が網羅されています

支払承諾☞ p.50

ください。

　また、第 2 項では、銀行が別の第三者に融資を実行し、お客さまが保証人となった場合の保証取引も、当然、前項の銀行取引に含まれるとしています。

📖 **用語解説：保証取引**
　　お客さま以外の第三者が当行に対して負っている債務をお客さまが保証する場合のことをいい、第 1 項の支払承諾とは異なります。

　銀行取引約定書の契約内容について十分な説明をしないと、お客さまが契約事項について一方的に決定されたと誤解し、優越的地位の濫用と判断されるおそれがありますので十分な説明を行い、お客さまからの質問等はいつでも受け付けるという姿勢が大切です。

　ここで注意しなければいけないのは、前述したように、銀行取引約定書は銀行ごとに多少内容が異なっています。したがって、お客さまが他の銀行と取引約定書を締結していても説明を省略せず、後日、契約内容を確認できるように 2 通作成します。

② 期限の利益の喪失

 重要

　そしてとくに重要な条項は、融資金の保全について定めた第 5 条（期限の利益の喪失）です。この条項は、さまざまな与信取引約定書に共通している「期限の利益の喪失」についての約定を集大成したといえる規定です。

　これは、お客さま（債務者）に信用悪化や不信行為があった場合には、返済期限の前であっても、すべての債務を返済する義務を課すことを定めたもので、債務者または保証人が「期限の利益を喪失する」とされています。

　では、「期限の利益の喪失」とはどのようなことでしょうか。

　「**期限の利益**」とは、期限がまだ到来していないことにより受ける利益のことをいいます。たとえば、融資を受けた債務者は、期限までは返済する必要はない、ということです。

　これに対して第 5 条では、債務者が破産手続開始、民事再生手続開始の申立てをしたり、資金不足などの理由で 6 カ月間に 2 回以上の不渡りを出して電子交換所（2022 年 11 月 4 日、手形交換所は廃止され、電子データで手形の交換を行う電子交換所が設立されました）の取引停止処分を受けた場合や、債務者または保証人の預金について差押や仮差押の命令、通知が発送された場合などには、当然に「期限の利益を喪失する」と定めています。この規定は「当然喪失条項」と呼ばれているもので、債務者は「期限の利益」を主張することがで

差押・仮差押
☞ p. 84

きず、ただちに弁済しなければなりません。銀行は債務者に返済等の請求をしなくても、債務者は自動的に期限の利益を喪失するので、預金との相殺や担保物件の処分をすることができます。

　また、返済が滞ったときや取引約定に違反したような場合にも、債務者は「期限の利益」を主張できず、銀行からの返済請求により、債務者は期限の利益を喪失し、ただちに弁済しなければなりません（請求喪失条項）。

　なお、民法137条は、次のような場合に債務者は「期限の利益」を喪失する（主張することができない）としています。

---

①　債務者が破産手続開始の決定を受けたとき
②　債務者が担保を滅失・損傷させ、または減少させたとき
③　債務者が担保を提供する義務を負う場合に、これを提供しないとき

　期限の利益を喪失すると、原則として、すべての借入金をただちに返済していただくことになるため、銀行取引約定書の取り交わし（締結）の際には、その内容について十分に説明したうえで取引先（債務者）の同意を得なければなりません。

3 暴力団排除条項

　2008年11月、全国銀行協会は、暴力団などの反社会的勢力との一切の関係遮断と解消を目的とした「銀行取引約定書に盛り込む場合の暴力団排除条項の参考例」を公表し、各銀行ともこれに沿った約定書に改定しています。

　その主な内容は次のようなものです。

---

①　債務者本人や保証人が、暴力団や暴力団員（暴力団員でなくなった時から５年を経過しない者を含む）、暴力団関係企業などに該当せず、関係を有していないことの表明
②　暴力的要求や不当な要求行為などを行わないことの確約
③　これらに違反した場合は、債務者は銀行から請求があり次第、銀行への一切の「債務の期限の利益」を失い、直ちに債務を弁済すること（つまり、すべての借入金を返済しなければなりません）

　暴力団排除条項の導入により、銀行は、相手方が反社会的勢力であることが判明した場合の契約締結の拒絶、または期限の利益の喪失により債務を弁済してもらい契約関係を終了させることが可能となりました。

　なお、警察庁は 2018 年 1 月から、銀行の新規個人向け融資取引について、オンラインで暴力団情報の照会に応じるシステムの運用を始めています。暴力団員に該当した場合、都道府県警で最終確認されれば、銀行側は融資を拒否することになります。照会システムは、預金保険機構が警察庁とサーバーを接続し、全国銀行協会に加盟する銀行などが融資の申込みを受けた場合、申込者の氏名や生年月日をもとに、本店の専用端末から同機構を通じてオンラインで照会します。暴力団組員に該当した場合、同姓同名の可能性などがあるため、改めて各都道府県警に個別照会して、情報を確定させることになります。

5. 取引先の確認

① 取引を有効に行うための能力

　お客さまが銀行と取引を行うということは、お客さまと銀行の間で「契約」という**法律行為**が成立することになります。その相手先が法律的に適正な能力をもっていなければなりません。

　取引を有効に行うためには、権利能力・意思能力・行為能力という 3 つの能力が必要とされます。

> 取引を有効に行うためには、権利能力・意思能力・行為能力が必要

❶権利能力

　権利能力とは、**権利を保有したり、義務を負担したりする**主体となることができる地位または資格のことです。つまり、物を売ったり買ったりすることができるという、人（「自然人」といいます）であれば誰もが当然に持つ能力です。

　自然人は出生により権利能力を取得します（民法 3 条 1 項）。この権利能力は自然人であれば当然にすべての人に認められていますが、自然人以外に権利能力が認められる場合があります。株式会社や社団法人、財団法人などといった「**法人**」です。法人というのは「法律上、人とみなす」ということで、株式会社も自然人と同じく、株式会社名義で取引をすることができます。民法は「法人は、法令の規定に従い、定款その他の基本約款で定められた目的の範囲内において、権利を有し、義務を負う」と定めており、法人に権利能力（法人格）を認めています（同法 34 条）。法人は、法人格が認められることによっ

て、法人の名義で法律行為をすることが可能となります。

❷意思能力

　意思能力とは、自分の行為の結果を判断するに足るだけの精神能力のことです。たとえば売買するということの「意味が理解できる能力」です。何歳で意思能力が備わるというような年齢による明確な線引きはありませんが、おおむね10歳前後で備わる能力とされています。

　意思能力のない者のした契約は「無効」とされています（民法3条の2）。意思能力があるかないかは、それぞれの人で個別に判断されることになりますが、たとえば、認知症を患って行為の結果を判断することができない人には明らかに意思能力がないので、そのような人と契約をした場合、その契約は無効となります。

無効な行為は、もともと効力を生じることがない

❸行為能力

　行為能力とは、単独で有効に契約をすることができる能力をいいます。行為能力が制限された者、つまり1人では有効な契約ができない者を「**制限行為能力者**」といい、制限行為能力者がした契約は「**取り消すことができる**」とされています。

取り消されるまでは有効な行為として扱われる

2 取引の相手方

　銀行業務を行ううえで、お客さま、つまり取引の相手方が取引を有効に行うことができる能力を有しているかどうかは、常に問題になることです。とくに、融資を行う場合は与信取引となりますから、預金取引に比べると、より一層、慎重な対応が要求されますので、しっかりと確認することが大切です。

　銀行取引の相手方を分類すると次ページの表のとおりです。

　一般社団法人・一般財団法人は、事業目的に法律上の限定がないので、営利法人（会社）と同じく多種多様な事業を行うことができます。営利法人ではないため利益を社員に配当することはできませんが、役員の報酬や従業員の給与を支払うことはできます。

　また、融資取引の相手方には、個人や法人のほかに、「民法上の組合」や「権利能力なき社団・財団」、「任意団体」など、法人格を認められていない団体があります。

　民法上の組合は、組合員となるものが各自出資して共同の事業を営むために組織された法人格のない団体です（民法667条1項）。組合との取引は、通常、代表者を定めて取引しますが、この代表者は、法律上は単に全員から委任され

個　　人 （自然人）	———		
法　　人	公法人（国、地方公共団体など）		
	私法人	営 利 法 人	●会社法により設立された営利を目的とする法人（株式会社、合同会社、合資会社、合名会社）
		公 益 法 人	●公益法人（公益社団法人・公益財団法人、祭祀、宗教、慈善、学術、技芸その他の公共を目的とする宗教法人、学校法人、社会福祉法人、医療法人など） ●一般法である一般社団・財団法人法により設立される一般社団法人・一般財団法人 ●特別法（特定非営利活動促進法など）により設立される特定非営利活動法人（NPO法人）、中間法人（生活協同組合、農業協同組合、労働組合）など ●一般社団法人、一般財団法人のうち、公益法人認定法により公益性の認定を受けた公益法人（公益社団法人・公益財団法人）
法人格を有しない団体	●当事者が出資をして共同の事業を営む「民法上の組合」 ●法人としての登記を行っていない「権利能力なき社団」、「任意団体」		

た代理人に過ぎません。したがって、組合と融資取引をする場合は、委任関係を表す書面、決議書の提出を求め、その借入れが組合の目的の範囲内であり、正当な委任を受けていることを確認しなければなりません。

　権利能力なき社団とは、マンションの管理組合やPTAのように、通常は法人格を持たない団体として組織され、規約等の運営方法や代表者が定められる等の要件を満たしている団体を指します。権利能力なき社団との取引にあたっては、規約の提出を求めて確認したうえで、規約に従って選出された代表者と取引をします。

　また、町内会（地方自治法の規定により法人格を取得した認可地縁団体を除く）や同窓会など、法人格がなく、権利能力なき社団でもないものは、**任意団体**と呼ばれます。

　以上のように、法人格を有しない団体と取引する場合は、一般の法人と同様に代表者およびその代表権限について確認しておく必要があります。しかしこの種の団体は、一般の法人のような根拠法律もなく、公的に認証された定款や登記はもちろん、代表者としての印鑑証明もないことが少なくありません。さ

らに、保有資産がきわめて弱小で、その信頼度は、一般法人と比較して低いのが一般的です。したがって、融資取引にあたっては、代表者や有力な会員個人に保証してもらうなどして債権の保全に万全を期す必要があります。

3 制限行為能力者との取引

前述したように、未成年者などの制限行為能力者は、判断能力が十分ではないという理由から、**行為能力**が限定されています（民法4条〜21条）。仮に、銀行が調査を怠り、行為能力があると信じて制限行為能力者と取引を行うと、後日、銀行は、取引の取消しなどの不測の損害を被ることにもなりかねません。取引が取り消されると、取引のはじめにさかのぼって、その取引はなかったことになってしまうからです。

法律行為を行うために必要な判断能力が備わっていない人を保護する仕組みとして、民法は一定の条件にあてはまる人を保護しています。この条件にあてはまる人が、前述した「制限行為能力者」（未成年者・成年被後見人・被保佐人・被補助人）です。

そして、このような制限行為能力者を保護・支援するのが**後見制度**で、大きく分けると、**法定後見制度**と**任意後見制度**の2つがあります。

4 法定後見制度

法定後見制度は、「後見」「保佐」「補助」の3つに分かれており、判断能力の程度など本人の事情に応じて選べるようになっています。なお、「後見」は、さらに未成年者を対象とする未成年後見と、判断能力を十分に有しない成年者を対象とする成年後見があります。

以下、順を追って説明していきます。

❶未成年者

未成年者は、**18歳未満の者**を指します（民法4条）。

未成年者との取引は、**法定代理人の同意**が必要です。

未成年者の法定代理人となる者は第一に親権者で、父母が共同して親権者になります。離婚または死亡等で一方が欠けた場合は、他の一方となります（民法818条）。親権者が存在しない場合は、未成年者の親族等の申立てにより家庭裁判所が選任した未成年後見人が法定代理人になります。

この法定代理人が、未成年者本人のために代理する旨を表示して取引を行います。この場合、未成年者の戸籍謄本により法定代理人を確認します。また、

民法の改正により2022年4月から成年年齢が18歳に引き下げられました

未成年者本人と取引を行う場合は、親権者（または後見人）から同意書を提出してもらいます。

　ただし、未成年者が十分な判断ができないままお金を借りてしまい、後々の返済に苦労するなどということがないよう、銀行では、未成年者を保護するために、未成年者とは融資取引を行いません。

❷成年被後見人

後見開始の審判を受けた者

　成年被後見人とは、認知症などの精神上の障害により、判断能力が欠けているのが通常の状態にある者として、**後見開始の審判**を受けた者のことをいいます（民法7条、8条）。成年被後見人には、家庭裁判所が選任した成年後見人が付され（民法8条）、成年後見人は、成年被後見人の財産に関する法律行為につき成年被後見人の法定代理人としての地位を有します（民法859条1項）。成年被後見人が成年後見人の代理によらず単独で行った法律行為については、日用品の購入その他日常生活に関する行為を除いて取り消すことができるとされています（民法9条）。

📖 用語解説：審判

　後見人の選任や養子縁組の許可、遺産分割など家庭裁判所の審判手続で取り扱う一定の事項について、裁判官が、当事者から提出された書類や調査官の行った調査の結果など種々の資料に基づいて判断を決定する手続です。

❸被保佐人

保佐開始の審判を受けた者

　被保佐人とは、精神上の障害により判断能力が著しく不十分である者として、**保佐開始の審判**を受けた者のことをいいます（民法11条、12条）。被保佐人には保佐人が付されますが、保佐人は成年後見人と異なり、原則として法定代理人としての地位を有しません。被保佐人が借財・保証など民法13条1項に列挙されている行為や家庭裁判所により追加された行為をする場合は、保佐人の同意が必要とされ、同意を得ることなくこれらの法律行為をした場合は、取り消すことができます。

❹被補助人

補助開始の審判を受けた者

　被補助人とは、軽度の精神上の障害により判断能力が不十分である者として、**補助開始の審判**を受けた者のことをいいます（民法15条1項）。被補助人には補助人が付されますが、本人には一定程度の判断能力があることに鑑み、本人以外の請求による補助開始の審判には本人の同意が必要とされます。家庭裁判所は、特定の法律行為について、補助人に同意権、取消権や代理権を与えることができます。

5 任意後見制度

　任意後見制度は、高齢者など本人に十分な判断能力があるうちに、将来、判断能力が不十分な状態になった場合に備えて、あらかじめ自らが選んだ代理人（任意後見人）に、自分の生活、療養看護や財産管理に関する事務について代理権を与えることを契約（任意後見契約）で決めておく制度です。任意後見契約は、公証人の作成する公正証書で結ぶものとされています。

　そうすることで、本人の判断能力が低下した後に、**任意後見人**が、任意後見契約で決めた事務について、家庭裁判所が選任する**任意後見監督人**の監督のもと本人を代理して契約などをすることによって、本人の意思にしたがった適切な保護・支援をすることが可能になります。

6 成年後見登記制度

　成年後見登記制度は、成年後見人の権限や任意後見契約の内容などを登記し、登記官が登記事項を証明した登記事項証明書や、登記されていないことの証明書を発行することによって登記情報を開示する制度で、東京法務局の後見登録課が全国の成年後見登記事務を取り扱っています。

　財産の売買などの契約を締結するときには、登記事項の証明書を提示してもらうことによって、成年後見人の権限などを確認することができます。また、成年後見（法定後見・任意後見）を受けていない人は、自己が登記されていないことの証明書の交付を受けることができます。

7 取引先の確認方法

 重要

❶印鑑登録証明書で確認する方法

　まず、印鑑登録証明書による確認があります。

　個人の印鑑登録証明書は、市区町村が発行し、印鑑登録者本人またはその代理人に交付されるものです。銀行は、この印鑑登録証明書に基づいて、約定書に押印された印鑑を照合して、本人であることを確認します。

　印鑑登録証明書は、市区町村から印鑑登録した人にあらかじめ「印鑑登録証」（印鑑カード。プラスチックカードが多い）が交付され、印鑑登録証明書の交付を請求する際に、登録印鑑の代わりに、この「印鑑登録証」を提示するというものです。

　なお、この登録証は、実印と同様に重要なものですから、お客さまに厳重に

保管するようアドバイスしましょう。

❷印鑑証明の重要性

　銀行取引では、相手方が本人であることを確認するために、印鑑証明書または印鑑登録証明書（以下、印鑑証明といいます）が重要な役割を果たしています。実務では、ほとんどの場合、印鑑証明のみで確認を行っているようです。

　銀行取引以外にも、たとえば、書面による不動産登記申請の手続や公正証書を作成する際には、法律で印鑑証明の提出が義務づけられています（不動産登記令16条2項、公証人法28条）。

　印鑑の登録ができるのは、住民基本台帳に記録されている人で（外国人住民を含みますが、15歳未満の者および成年被後見人は除かれます）、印鑑の登録は1人1個に限られており、印鑑の登録申請者も本人に限られています。ただし、印鑑登録の申請者または印鑑登録者が、疾病その他のやむを得ない事由（たとえば、眼が不自由であるなど）によって自ら申請することができない場合は、代理人による申請が認められます。

　なお、法人の場合、従来は、商業登記法の規定により、法務局（登記所）に代表者の印鑑を提出することが義務づけられていましたが、行政手続のオンライン化に向けた取り組みの一環として、2021年2月15日に廃止されました。今後は、商業登記電子証明書（登記所が法人の代表者に対して発行する電子証明書）を利用するか、代表者の印鑑を押した書面により届出をするかを任意とする選択制へと変わることになります。

公正証書☞法務大臣に任命された公証人が、法律に基づき作成する文書

❸印鑑証明は絶対ではない

　印鑑証明は、本人（もしくは本人が委任した代理人）に交付されるものですが、不正な方法で他人の印鑑証明を詐取した人が、それを悪用して他人の不動産を売却するというようなケースが頻発したことがあります。

　そのため、各市区町村は、以前にもまして本人確認を徹底するようになりましたが、印鑑証明はあくまでも**本人確認のための一手段**と考え、あわせて、運転免許証やマイナンバーカードなど、**顔写真付きの本人確認書類**も確認する必要があります。

取引開始時には、印鑑証明とあわせて他の本人確認書類によるチェックが必要

8　株式会社との取引で注意すること

　法人取引のうち、融資業務についての主な取引先は営利法人で、その中でも株式会社が中心となります。融資取引のうちの大多数を占めていますので、株式会社との取引で注意すべきことをきちんと理解しておきましょう。

❶会社名・所在地等の見方・調べ方

法人（会社）と融資取引を開始しようとする場合には、まず、その会社の名称（商号）や設立の目的、本社ならびに支店所在地、代表者名などを調査することが第一となります。

これらを確認するには、その会社の商業登記簿の「登記事項証明書」を入手することになりますが（商業登記法10、11条）、実務のうえでは、取引を開始しようとする会社の経理担当者などに、事前に登記事項証明書を提出してもらうよう依頼するのが一般的です。

このときに注意しなければならないのは、最近、できれば**2週間以内に発行された登記事項証明書**を入手することです。

なお、取引先は、登記事項証明書1つ用意するのにも、煩雑な手続や手数料が必要となりますから、書類の提出を依頼する際には、そのあたりの配慮をした応対を心がけるようにしましょう。登記事項証明書の見方等については、後記の受付事務で解説します。

☞ p. 72

❷会社を代表する代表取締役

株式会社には、会社の業務を執行する機関として**取締役会**（ただし、株式譲渡制限会社では取締役会の設置は任意です）があり、**会社の業務執行にかかわる重要な意思決定**はすべてここで執り行われます。

会社を代表する**代表取締役**は、この**取締役会の決議**を経て選出されます（会社法362条3項）。選出された代表取締役の氏名および住所は、原則として、登記されることになっています。

代表取締役は、会社の営業に関する一切の裁判上および裁判外の行為を行う権限を持っていますので（会社法349条4項）、**銀行取引においての契約**は、**必ず代表取締役と行う**ことになります。

なお取引先によっては、代表取締役が「取締役社長」と表示されている場合もありますが、取引契約書等の署名または記名捺印は、代表取締役として明記してもらったほうがいいでしょう。

会社における「社長」という肩書は、法律上、代表取締役との関連はなく、単に会社の事情によるものです。代表者はあくまで代表取締役であり、登記上も「代表取締役」で登記されています。

また、代表取締役が、複数名いる会社もあります。この場合、各代表取締役が、それぞれ代表権をもっていて、各自が単独で会社を代表することができますから、銀行は、申し出のあった代表取締役と取引をすればよいことになります。

実務では、銀行取引をする代表取締役を明確にしておくことが重要

9 外国人のお客さまとの取引で注意すること

　2012 年 7 月以降、新しい在留管理制度が導入されたことにより外国人登録制度が廃止され、「外国人登録証明書」に代えて、中長期滞在者を対象とした**「在留カード」**または法務大臣の許可を得て特別の在留資格を持っていることを証明する**「特別永住者証明書」**が交付されています。

　外国人との取引の開始時には、在留カードまたは特別永住者証明書で国籍、氏名、生年月日、住所などの確認を行います。また、在留カードまたは特別永住者証明書の交付対象となる人は、住居地の市区町村で住民票が作成されますので、市区町村の窓口で発行される「住民票の写し」でも確認できます。

　さらに 2016 年 1 月からはマイナンバー制度がスタートし、国民一人ひとりにマイナンバー（12 桁の個人番号）が付され、市区町村に申請すれば**マイナンバーカード**（個人番号カード）が交付されています（これに伴い、住基カードの発行は廃止されました）。同様に、現在、日本に中長期在留する外国人はもちろん、今後日本に入国し中長期在留する外国人にも、マイナンバーが付番されます。

　なお、外国人であっても印鑑登録は可能ですので、取引を行う際は、印鑑を使用してもらうことが望ましいでしょう。どうしても、サイン（署名）のみで取引をしたいということであれば、国籍のある領事館が発行する署名証明書を提出してもらいます。

●まとめ●

　融資業務は銀行の収益を左右する重要な業務であり、銀行は厳しい競争の中で、生き残りをかけて収益確保のための健全な融資推進を図っています。

　そのためには、お客さまが銀行に何を求め、何を期待しているのかを知る必要があります。お客さまのニーズを的確につかみ、それに対応していかなければ、真の取引推進にはつながりません。

　そして、融資を行う際には、いろいろなルールがあります。とくにコンプライアンスは、あらゆる金融業務全般に関係するものです。

　また、お客さまと融資の交渉をする際の説明責任も重要です。

 第1章　確認テスト

問題　次の文章を読んで、正しいものには○印を、誤っているものには×印を（　　）の中に記入しなさい。

（　　）1．コンプライアンスとは法令等の遵守のことで、銀行業務にとって大変重要なものであり、融資業務を行うにあたっては、法令やルールなどを逸脱しないよう心がけることが大切である。

（　　）2．銀行は、お客さまの資産内容やプライバシーなどを正当な理由なく第三者に漏らしてはならないという法的義務を負っており、取引先の秘密を漏らす行為は優越的地位の濫用として独占禁止法で禁じられている。

（　　）3．難しい相談や案件について、融資担当者としては慎重に対応する必要がある。それが結果的に、お客さまへの可否の返事を長引かせたり曖昧な返答をすることになってもやむを得ない。

（　　）4．連帯保証契約では、各保証人は債務額を全保証人に均分した部分（負担部分）についてのみ保証すれば足りる。

（　　）5．経営者以外の第三者との間で個人連帯保証契約を締結する場合、経営に関与していなくても保証債務を履行せざるを得ない可能性がある。

（　　）6．契約の意思確認にあたっては、契約者またはその代理人から契約書に自署・押印を受けることを原則とする。

（　　）7．融資を実行するにあたって、融資担当者は融資先（取引先）に対して説明責任を果たさなければならず、そのためには担当者自身が必要書類等の内容を十分理解しておくことが大切である。

（　　）8．「期限の利益」とは、期限がすでに到来していても、債務者（融資先）は返済する必要はない、という利益のことである。

（　　）9．取引を有効に行うためには、意思能力・行為能力・契約能力という3つの能力が必要とされる。

（　　）10．銀行取引で相手方が本人であることを確認するためには、本人の印鑑証明書があれば十分である。

☞解答は 166 ページ参照

第❷章

融資取引の種類は?

●この章のねらい●

融資の申込みがあった場合、まず、どのような種類の融資がお客さまにとってふさわしいのかを判断しなければなりません。

融資にはいろいろな種類の融資方法があります。その中から、お客さまの要望にフィットした融資方法を選ぶことが大切です。

融資の種類とその内容について学んでください。

1. 金銭消費貸借契約とは

　「消費貸借」とは、借りたものそのものは消費することを前提として、借りたものと種類、品質および数量の同じものを返還することを約束して金銭その他の物を借りる契約のことです（民法587条）。金銭を借り受け、返すことを約束する契約は、**金銭消費貸借契約**となります。消費貸借といわれる意味は、借り入れた金銭自体を保管しておき、そのまま返すわけではなく、それ自体は借主が消費したうえで、別の同額の金銭により返すことになるからです。

　金銭消費貸借契約は、お客さまに金銭（物）を交付することによって成立するという意味で、「**要物契約**」といわれてきました。要物契約とは、合意だけでなく、目的物の引渡しや権利移転の事実が要件とされる契約のことですが、債権のルールに関する改正民法が2020年4月から施行された後は、**書面によ**ることを要件として、金銭（物）を交付しなくても、**当事者の合意**のみで消費貸借の成立が認められる（**諾成契約**）こととなりました（同法587条の2）。

金銭消費貸借契約は要物契約から諾成契約へ

　ただし、この規定は任意規定と解されていますので、従来どおり金銭を交付することによって契約の効力を生じさせたい場合は、その旨を契約書に特約で定めておく必要があります。

2. 融資の種類

　融資の申込みを受けると、営業店では、まず、この申込みが妥当であるかどうか、また申し込まれたお客さまが、すでに取引されている先であれば、いままでの取引状況はどうであったか、取引振りからみて信用がおけるお客さま（取引先）かどうか、反社会的勢力などとのかかわりはないか、融資した場合、その借入金の回収（返済）は大丈夫か、などを調査します。

　その結果、融資が妥当と判断されれば、融資金額によって、支店長権限内であれば支店長の承認（決裁）で実行され、本部決裁であれば、本部の決裁後にはじめて実行されます。そして実行に際しては、承認決裁による融資内容によって融資方法が確定され、契約書などの書類が取り交わされます。この手続

は、融資の方法によって異なりますので、ここではまず一般的に行われる融資
手続の種類等から説明します。

　お客さまとの話し合いの中で、どの融資方法で行うのが適切なのかなどの判
断は、資金使途や融資期間、担保の有無などによって決まります。　　　　　　担保☞ p.114

　銀行では、お客さまの融資希望・条件により、融資取引を次のように分類す
るのが一般的です。

```
● 一般的な貸付金 ──→ 手形貸付、証書貸付、当座貸越
● 手形割引      ──→ 商業手形
● 個人ローン    ──→ 住宅ローン、消費者ローン
● 支払承諾（債務保証）、代理貸付
```

　それでは、それぞれについて、説明していきましょう。

3. 手形貸付

1 手形貸付とは

　銀行などの金融機関で一般的な融資形態が手形貸付です。資金使途が運転資
金であっても設備資金であっても、返済原資や返済計画などから返済期間が**短
期**（1年以内）と判断できる場合に多く利用されます。

　一般的には、短期の運転資金やボーナス資金などの季節資金（運転資金・季　☞ p.66
節資金については後述します）の借入に利用されることが多く、手続が簡単
で、お客さまから約束手形を差し入れてもらう融資の方法です。

　つまり、融資を実行するにあたって、お客さまが振り出した、融資額と同額　融資額と同額の手形
の銀行を受取人とした約束手形を借用証書の代わりに差し入れてもらいます。　を借用証書の代わり
　　　　　　　　　　　　　　　　　　　　　　　　　　　　　　　　　　　　　に差し入れてもらう
　このとき銀行は、**手形債権**を取得すると同時に、お客さまからの融資の申込
みを承諾し資金を交付するのですから、借用証書がなくても**金銭消費貸借契約**
が成立し、**貸金債権**も持つことになります。

　手形貸付の返済期限は、通常、3カ月、6カ月など1年以内で設定され、そ
れ以上になる場合は、手形の期日を書き替える（**手形書替**。**継続**ともいう）こ
とになります。

② 手形貸付の特徴

　手形貸付に使用される約束手形は、取引先（融資先）である手形の振出人が通常１人ということから、**単名手形**（裏書人のない手形）といい、手形貸付のことを**単名融資**（または**単名**）と呼んでいます。

　単名手形の支払場所と受取人は自行とし、満期日は融資金の弁済期日または書替予定日、手形金額は貸付金額、振出日は融資を実行した日とします。

　約束手形は、手形法上定められた８つの手形要件（**必要的記載事項**）を備えている必要がありますが、銀行借入用の手形には、あらかじめ印刷されている事項があり、お客さまが記載するのは、次の５つです（下図参照）。

記入事項に誤りがないか、注意が必要

　② 金額（借入金額）　　③ 支払期日（弁済期日または書替予定日）

　⑥ 振出日（融資実行日）　⑦ 振出地

　⑧ 振出人の署名

　実務のうえでは、手形貸付専用の手形として、名宛人（受取人）欄に自行名があらかじめ印刷されている各銀行独自の約束手形を使用しています。

　なお、この手形は満期日に呈示をする必要はなく、保管していれば満期日当日に自店の口座に呈示があったものと解されています。

　手形貸付の法的性質としては、銀行は民法上の**金銭消費貸借契約に基づく貸金債権**と**手形債権**の２つの債権をもつことになり、債権管理上有利な面があり、これが手形貸付の大きな特徴といえます。

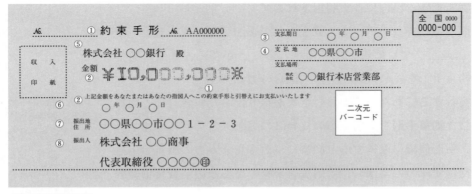

手形用紙は、2022年11月の電子交換所の設立に伴い、二次元バーコード付きの新デザインに変更されています

必要的記載事項

　①約束手形であることを示す文字　②一定金額の単純な支払約束文句　③支払期日

　④支払地　⑤受取人またはその指図人　⑥振出日　⑦振出地　⑧振出人の署名

3 手形貸付における利息

　手形貸付の貸付利息は、支払期日（または書替予定日）までの分を先取りするのが一般的です。利息の計算方法は、貸付金×利率×日数（貸出日と返済日の両方を含める「両端入れ」で計算する）÷365日で算出します。付利単位は100円で、利息の円未満は切り捨てます。

　このようにして算出した利息を貸金から差し引いた金額をお客さまが指定した口座に入金するのが一般的な事務処理だと思いますが、利息後取りということで、実行日に融資金全額を指定口座に入金し、あらためて、後日、指定された日に口座振替により利息を徴収する方法もあります。

4 手形貸付の継続

　手形貸付の手形期日が到来したときに、さらに**融資期限を延長する**場合には、新たな期日を満期日とする新手形をお客さまから提出してもらいます。また、当初決めた融資期間中に**手形の期日が到来する**ごとに書き替える場合もあります。

　この手形書替には、旧手形（手形期日が到来した手形）と同じ金額で書き替える「**同額書替**」と、一部を返済し、その残金について書き替える「**減額書替**」があります。

　なお、手形貸付は、基本的には短期の融資ですので、支払期日に返済してもらうことが原則です。

　しかし、支払期日が到来しても返済できない場合は、やむを得ず、さらに手形を書替えするケースもあります。その際は、お客さまから支払期日の前に返済できない理由や今後の返済方法などについて、詳しく事情聴取する必要がありますので、その点に留意してください。

5 商業手形担保貸付とは

　手形割引の場合、後述するように、通常、約束手形を1枚ずつ割引してお客さまに融資するのですが、手形金額が少額で、枚数がたくさんある場合などは、それを1枚ずつ割引していたのでは手数がかかります。 手形割引☞ p. 42

　そこで、それらを合計した金額の約束手形（銀行の手形貸付専用手形）を1枚振り出してもらい、**手形貸付**として融資を実行します。その際、これらの商業手形（上記少額・多数の各手形）を担保として預かり、この手形貸付の返済

金に充当すると、銀行は手数が省け、お客さまも手形割引と同様の融資を受けることになるのです。このように**手形を担保とする融資**を、「商業手形担保貸付」といいます。

また、割引したい手形が複数枚あり、しかもそれぞれが少額で、支払期日が1年以上の長期にわたる場合（たとえば、機械や自動車等の販売代金を長期の分割手形で受け取った場合など）は、証書貸付の形式がとられることもあります。

4. 証書貸付

1 証書貸付とは

証書貸付とは、融資を実行するにあたって、お客さま（債権者）から「**金銭消費貸借契約証書**」という借用証書を差し入れていただく融資方法です。

しかし、お客さまから借用証書を差し入れてもらわなければ、金銭消費貸借契約が成立しないというわけではありません。お客さまから融資の申込みがあり、銀行がこれを承諾してお客さまに金銭を交付すれば、有効に金銭消費貸借契約が成立するのです。つまり、金額とか期限、利率等をお客さまとの間で明確にさせるために、証書を提出していただくということです。

証書貸付は、設備資金などの長期資金の融資に用いられます。具体的には、工場などの建設資金、土地・建物などの購入資金、機械購入資金、長期の運転資金などが挙げられます。したがって、長期にわたり企業の収益などで、融資金を分割返済していく融資形態です。

証書貸付は、金銭消費貸借契約証書を差し入れていただく融資方法

2 証書貸付の返済方法

一括返済と割賦返済があり、割賦返済には次の2通りの返済方法があります。

● 元利均等返済

毎月返済する元金に利息を加えた金額を均等にする方法。住宅ローンなどの返済に用いられる。

● 元金均等返済

　　最初の融資金額を返済回数で割って、毎回返済する元金を均等にし、そこに利息を加えて返済する方法。利息の支払いは後払いが多い。

	メリット	デメリット
元利均等返済	毎回の返済額が均等となるため、返済計画がたてやすい。	当初は元金の返済額が少ないため、元金均等返済より返済総額が大きくなる。
元金均等返済	毎回の元金返済が均等となるため、元利均等返済と比べて元金の減り方がはやく、返済総額は小さくなる。	毎回の元金返済に加え、返済後の元金に応じた利息を支払うので、当初の返済金額の負担が大きく、返済する元利金は毎回均等とはならない。

③ 「金銭消費貸借契約証書」の記載内容

　　証書貸付で使用する「金銭消費貸借契約証書」には、契約の当事者双方が署名する方式のものと、債務者（融資先）が債権者（金融機関）に差し入れる方式のものがあります。**双方署名方式**の場合は金融機関の代表者の署名捺印が増えて手間がかかり、また通常、債務者と金融機関がそれぞれ原本を保管するために２通作成するので印紙税がかさむという欠点があるため、一般には金融機関で制定した**差入方式**の契約証書が使用されています。

　　差入方式の契約証書は債務者が作成するものですから、記入項目も原則として、お客さまに記入してもらいます。記入内容に誤りが生じた場合には、軽微なものを除いて、原則として訂正は行わず新たな用紙に記入し直してもらいます。特に、**契約金額の訂正**は絶対に行ってはなりません。軽微な誤りの訂正を行う場合には、自店のルールに従い訂正記入と訂正印の押捺を受けます。

　　契約証書にお客さまが記入すべき項目は、借入金額、資金使途、適用利率、元利金の返済方法等、多岐にわたります。契約内容について誤解が生じないよう、お客さまに記入いただく前に、**十分に納得がいく説明**を心がけることが必要です。

　　お客さまに説明する際の主なポイントは、次のとおりです。

● 返済方法

　　元利均等返済か元金均等返済かをよく説明します。返済方法によって返済額が大きく違ってきますので、注意が必要です。

● 適用利率

　固定金利か変動金利か、変動金利であれば何を基準としてどのように変動するのかも説明します。

● 元利金の返済方法

　毎回の元利金の返済額、返済日等です。これらについては、契約によって細かく定められているので、しっかり説明する必要があります。

5. 手形割引

1 手形割引とは

　手形割引とは、取引先が商取引で受け取った約束手形や為替手形を、その手形の支払期日の前に取引銀行が買い取る融資方法です。

　銀行は、支払期日（満期日）までの利息（割引料）を額面金額から差し引いて買い取ります。割り引いた利息が銀行の収益となるのです。手形割引は、手形貸付と同様に短期融資の代表的な方法です。

　当たり前のことですが、手形であれば、無条件でなんでもよいというものではありません。割引の対象となる手形は、次のようなものです。

① 商取引によって取得した商業手形であること

② 振出人（為替手形の場合は引受人）に信用があること

③ 手形形式や裏書に要件等の不備がないこと

　商業手形の割引依頼日から支払期日までの期間は通常数カ月と短く、金融機関にとっては資金の回転が早いために資金運用面で効率が良いというメリットがある一方、手形は1件ごとに信用調査が必要で、割引後には手形の保管・期日管理・取立入金等の事務負担が大きく非効率というデメリットがあります。融資効率の観点からは、手形割引は支払人の信用が高く、手形期間が短く、額面金額が大きい手形を割り引くことが必要です。

上場企業のような信用のある企業の手形を選別して支払期日前に銀行が買い取る方法

2 手形の形式・要件不備に注意

 重要

　割引手形を取得するときは、まず、割引によって、銀行はその手形を買い取ることになり所持人となります。その際に、事前に必ず手形要件をチェックし

なければなりません。

　とくに法律面で問題になるのが、**振出日の記載がない白地手形**です。手形法では、振出日の記載がない手形は無効とされ、判例では、振出日の記載のない割引手形が不渡りとなった場合、所持人である銀行は中間裏書人に対して請求（遡求権の行使）ができないこととされています。銀行には所持人としての手形補充権がありますが、後日のトラブル防止のために割引依頼人であるお客さまに補充してもらう必要があります。

　万一、振出日漏れのまま不渡返還されて、裏書人に対して補充権を行使しようとしても手形要件不備なので遡求権の行使ができません。このような事情があるので、取得の際は必ず手形要件をチェックすることが大切です。

割引手形の形式を十分点検し事前に補完しておくことが大切

3 手形の信用調査

　手形割引の申込みがあった場合には、その手形の信用度を調査する必要があります。

> **手形振出の裏付けについてのチェック項目**
>
> ①　手形の支払人は販売先（得意先）と一致しているか
> ②　手形の金額、手形の支払期日は、販売数量、単価、条件に照らして妥当か
> ③　手形支払人と割引依頼人（融資先）の規模からみて不自然さはないか

　手形を見る機会が多くなると、はじめての手形でも、自然に外見でその手形から信用度などを感ずるものがあります。たとえば、次のようなものです。
　①　振出人の記名に使用するゴム印等の使い方
　②　手形の期日を機械印字や日付判を使用しないで、ボールペンなどで乱雑に記入され、振出日が記載されていない。
　③　複数名の裏書がある手形、いわゆる回し手形といわれるもので、各裏書人の商号、記載方法に何かくみとれるものがないか、など
　また、手形振出の原因を調査しても、割引してはいけない手形としての融通手形（商取引の裏付けのない手形）や偽造手形を見抜くことは難しいかもしれませんが、今までと違ったお客さまの取引上の動きなどから発見することも可能となります。

　元来、商業手形は、健全な商取引が裏付けとして存在し、その代金等の支払いのために振り出され、支払期日に決済されるものです。

たとえば、商取引に関係なく、単に資金の融通を受ける目的でA社とB社が互いに手形を振り出し合い、銀行で割引を受けるような手形、つまり「**融通**☞ p.90**手形**」には、特段の注意を払わなければなりません。

このような融通手形を割り引くと、期日に決済されないおそれがあります。

多くは一方の企業（例ではA社）が倒産すると、もう一方の企業（同、B社）も倒産してしまうケースが大半です。

このように、割引実行前の手形調査では、手形の成因をよく調査することが重要で、その必要性もここにあるのです。

4 金融機関への手形の信用照会

 重要

手形割引を行う際にもっとも重要なことは、手形の信用状態です。

割引する手形の「信用照会」をし、その結果が芳しくない場合は、割引をしてはいけません。割引した手形が不渡りにでもなると、その処理が面倒な場合があります。

信用照会の方法や割り引いた手形が不渡りになった場合の手続などについては、後で解説します。

5 手形割引のメリット

手形割引についてのメリットを、銀行とお客さまのそれぞれの立場から比較してみましょう。

銀行にとってのメリット	お客さまにとってのメリット
① 割引依頼人（融資先であり裏書人）と手形の振出人（為替手形の場合は引受人）の複数の債務者が存在していること。手形が不渡りになった場合、当該手形金額を裏書人（為替手形の場合は引受人および裏書人）に請求することによって、回収の可能性が大きくなる。 ② 期日に手形を交換呈示することにより、自動的に現金化され、回収される。 ③ 株式が上場されている企業などの一流企業の優良手形については日本銀行に持ち込み、再割引が可能なため、流通性が高く、有利な資金運用の方法である。	① 集金してきた手形や手持ちの手形をすぐに現金化できる。 ② 優良手形であれば、手形貸付や証書貸付のように、保証人や担保なしでも銀行は融資してくれる場合もある。 ③ 期日がきたら返済金を用意しなくても銀行が取立してくれて、自動的に現金化されて返済される。

6.　当座貸越

1　当座貸越の仕組み

　当座貸越とは、当座預金口座を持ったお客さまが、当座預金の残高を超えて手形・小切手を決済（立て替えて支払ってもらえる）できる仕組みです。

　当座預金取引先のうち、事前に**当座貸越契約**を結んだ取引先に対して、金融機関が**貸越極度額**（利用限度額）をあらかじめ設定し、その範囲内で手形・小切手の決済をする方式の融資方法です。

　当座貸越は、当座預金取引先の短期運転資金を供給するために利用されています。つまり、この契約を結んだ取引先は、当座預金残高がない場合でも、貸越極度額まではいつでも手形・小切手の振出ができることになります。

　また、当座預金に入金することによって、貸越金（借入金にあたる）は返済されることになります。したがって、貸越極度額に余裕ができれば、いつでも利用できます。つまり、当座貸越は、貸越極度額の範囲内であれば、反復継続して融資が受けられ、いつでも返済することができるわけです。

2　当座貸越の機能

　当座貸越には、当座預金取引先に対するもののほかに、カードを利用して行われるカードローンや、総合口座の定期預金を使って行われる融資も含まれます。**個人のお客さま**で、総合口座の普通預金残高を超えてお金が必要となった場合に、その不足額について、セットされている定期預金を担保として自動的に貸し付ける総合口座の当座貸越を利用することができます。

　さらに現在では、大企業が下請企業や仕入先に負う代金支払債務について、手形による支払いに代えて行う一括支払システムにおいても、当座貸越の形式が使われています。

　また、手形借入での手形発行の手間を省くために、一部の企業向けに一定額について当座貸越を行い、それを当座預金勘定に振替入金し、当座貸越金額は取引先から返済の意向がない限り、一定額そのままで推移する方法もあります。

7. 各種個人ローン

　ここ数年、企業の業績は堅調に推移していますが、それがなかなか給与に反映せず、家計のやり繰りに苦労している家庭は少なくありません。

　そんな中で、「必要なときにいつでも借入ができる」カードローンなどが普及し、そのほか「マイカーローン」や「教育ローン」、「親子2世代の住宅ローン」など、お客さまのニーズに対応した商品の出現によって、個人ローンは日常生活に不可欠なものとなってきました。

　一方、銀行にとっても、「お客さまのニーズをいかにつかむか」について、その取り組みに力を注いでおり、今後の営業推進に欠かせない商品となってきています。

1 個人ローンの特徴

　個人ローンは、銀行が一般の消費者に対し、住宅や自動車などの購入資金や教育、レジャーのために貸し出すものです。お客さまの日常生活に不可欠なものとなっており、各行とも、「お客さまのニーズをいかにつかむか」について、その取り組みに力を注いでおり、営業推進に欠かせない商品となってきています。

　お客さまの日常生活に不可欠な融資

　個人ローンには、法人向けの融資と比べて次のような特徴があります。

❶融資形態が定型化されており、スピーディーな対応が可能

　融資金額、融資期間、利率、返済方法などの融資条件が定型化されており、スピーディーな対応が可能になっています。

　審査についても、多くの場合、スコアリング審査の方法が採用されています。勤務先や勤続年数、住宅（持ち家か賃貸か）、年齢、年収、取引状況などを、あらかじめ準備された配点と基準に従って評価し、何点以上であれば適格、何点未満なら不適格というように貸出審査の効率化が図られています。

❷利用しやすい金利

　個人ローンは1件あたりの貸出額が少額で手間がかかることなどの理由により、貸出金利は企業など事業者向けの大口融資に比べて割高になっています。

　ただし、住宅ローンについては、その資金使途を考えあわせ、利用者の金利負担が過重にならないよう、長期貸出にもかかわらず比較的割安な金利が適用

されています。

....

2 目的別の個人ローン

....

　ライフステージごとに必要と思われるお客さまのニーズに合わせたローン
で、マイカーローンや教育ローン、住宅ローン、リフォームローンなどがあり
ます。

ライフステージごと
に、お客さまのニー
ズに合わせたローン

❶独身時代の「カードローン」

　独身時代は人生で一番華やかなとき、ショッピングに海外旅行にと急な出費
が重なるものです。

　カードローンは、ある一定の限度額の範囲内で反復して借入れができるロー
ン商品です。ATM を利用して手軽に借りられることなどから、最近は住宅ロー
ンを除いて、各金融機関とも個人ローンの重点商品に位置づけています。利
用限度額は 50 万円程度が一般的です。

　なお、最近は複数の金融機関から借金をして返済が困難になる多重債務が社
会問題となっています。カードローンの受付にあたっては、申込者の返済能力
を考慮した融資を実行する必要があります。

❷いよいよ結婚、「ブライダルローン」

　結婚適齢期の 20 代から 30 代にかけて結婚を迎えると、結婚式や新婚旅行の
ための資金、新居用家財の購入など新生活のスタートに欠かせない費用に備え
るローンです。利用限度額は 300 万円〜500 万円が一般的です。

❸結婚して子供が誕生、「フリーローン」

　出産費用や家族が増えたことによる生活費の増加などに対処するためのロー
ンで、利用限度額は、無担保の場合、10 万円以上 300 万円までが一般的です。

　カードローンとフリーローンは、どちらも「借入金の使用目的が自由であ
る」ことで似ていますが、カードローンが、決められた限度額の中であれば、
何度でもお金を借りることができるのに対して、フリーローンは、申請した金
額を 1 度借り入れることができるだけです。その代わり、カードローンとフリ
ーローンの金利を比較すると、多くの場合、フリーローンのほうが金利が低く
設定されています。

❹車の購入を考えているときの「マイカーローン」

　待望の就職も決まりマイカーを持ちたい、子供が生まれて家族が増えた、車
の買替え時期にきているなどのニーズに対応するローンで、利用限度額は、
300 万円〜500 万円が一般的です。

❺教育費用の負担に備える「教育ローン」

　幼稚園から大学、専門学校の入学金、授業料、仕送り資金などを対象としています。とくに大学進学のためには、入学金や授業料などまとまった資金が必要となります。資金使途が教育資金に限られているため、資金使途の自由な他のローンと比べて金利が低く抑えられているのが一般的です。利用限度額は、10万円以上300万円までが多いようです。

　また、国の制度として日本政策金融公庫が取り扱っている「国の教育ローン」があります。母子家庭や低所得の人は金利が優遇される一方で、子どもの数と収入額など利用には一定の制限があります。

❻マイホーム取得のための「住宅ローン」

　住宅の建設やマンションの購入のためのローンで、利用限度額は5,000万円～1億円程度が一般的です。そのほか、独立行政法人 住宅金融支援機構がローン債権を買い取り、証券化するという新型住宅ローン「フラット35」や、公的な融資制度として財形住宅融資や公的年金担保融資、自治体融資などがあります。

❼住宅の増改築などのための「リフォームローン」

　長年の住まいも老朽化してくると、増改築、補修費用などの費用が必要となってきます。リフォームローンは、住宅の増改築はもちろん、キッチン等の水回り改善工事や、太陽光発電システム、オール電化工事など、住宅に関するさまざまな資金にご利用いただけます。利用限度額は500万円から1,000万円程度が一般的です。

3 提携方式と非提携方式

　個人ローンには、提携方式と非提携方式の2種類があります。

❶提携方式

　銀行が、商品やサービスを販売する会社と提携して購入資金を融資する方式で、提携資金としては、住宅資金、自動車やピアノ、電気製品など高額の耐久消費財の購入資金があります。

販売会社と提携して
購入資金を融資

❷非提携方式

　これは、銀行が独自で行う個人ローンで、申込受付から回収までの手続が他の融資と同様に行われます。非提携方式によるローンの融資額や返済期限は、原則として借主の年収によって決まりますが、すでに他の銀行などで何種類もの借入れがあり、毎月多額の返済を抱えている消費者も増えてきていますの

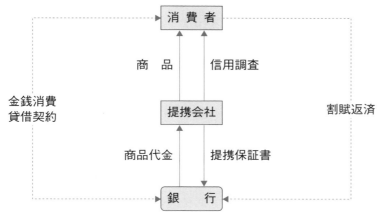

提携方式の個人ローンの仕組み

で、申込人の返済能力と個々の事情をよく調査することが必要です。

　なお、非提携方式の個人ローンには、住宅資金、教育資金、レジャー資金、冠婚葬祭資金など、目的別に各銀行でたくさんの種類があります。

❸提携方式と非提携方式の実務上のポイント

　提携方式と非提携方式の融資について、実務上のポイントを比較してみると、次のとおりです。

提携方式	非提携方式
①　提携先の保証が付保されている場合がほとんどで、提携先から調査内容が送付されてくるので、自行で信用調査をする必要がない。 ②　融資に必要な書類が整っていれば、すぐに実行可能。	①　自行の通常の融資と同じであるので、信用調査が必要であり、実行までに時間がかかる。 ②　保証機関から保証をとる必要がある。

4 個人ローンと債権保全

　提携方式のローンでは、お客さまは銀行の提携先の商品を購入することが前提となります。そのため、提携先は、ローンの保証人になるわけです。これによって、銀行は、債権の保全を図ることができ、提携先は自己の商品の販売拡大ができるというメリットがあります。

　非提携方式のローンは、マイカーローン、教育ローンなどの目的ローン以外は、資金使途について制限はありません。そのため、銀行は、機関保証（保証会社の保証）などで債権保全を図っています。

8. 支払承諾 (債務保証)

1 支払承諾とは

　支払承諾 (債務保証) は、これまで解説してきた手形貸付や手形割引と違い、資金を直接交付することはなく、銀行がお客さまから委託されて、各種の債務を保証することで、いわば**「銀行の信用」を貸し出す**ものです。

　しかし、これもお客さまに対する与信となりますから、融資の一種であり、**融資の付随業務**として取り扱われています。

　支払承諾は、銀行にとって資金の負担がなく、銀行の信用を利用して**保証料を徴収**することにより利益をあげることができます。お客さまにとっては、わずかな保証料で銀行という信用のある保証人がついたことになりますから、商取引を有利にすすめることができたり、資金調達が可能になるというメリットがあります。

「銀行の信用」を貸し出す業務

2 支払承諾の実務上の留意点

　将来、銀行が支払承諾の債務履行を請求されるのは、保証した取引先が倒産して債務履行ができなくなったときですから、支払承諾を実行する場合には、一般の融資同様に**信用調査を慎重**に行い、担保や保証人をとる必要があります。

　また、一般の融資金は直接資金が取引先に交付されるので、融資担当者はその管理を日常業務として行うことになりますが、支払承諾は保証だけで資金の移動がないため、どうしても**管理がおろそかになりがち**です。

　したがって、支払承諾実行後も、銀行が保証した債務の履行状況を定期的に確認することが必要です。

　銀行が取引先の信用調査を行い、支払承諾を行うときには「支払承諾約定書」で約定します。その中には、支払承諾が取引先の依頼によって行われること、支払承諾の方法、保証料、銀行の保証債務について影響を及ぼすような事態が生じたときには、通知する義務、求償の範囲、事前求償の特約、中止・解約などが規定されています。

9. 代理貸付

① 代理貸付とは

　代理貸付とは、業務委託契約に基づいて銀行（**受託金融機関といいます**）が他の金融機関（**委託金融機関といいます**）の代理人となり、**委託金融機関の資金を代理して取引先に融資**することです。

　自行の資金以外に委託金融機関の資金をお客さまに融資することができるので、銀行にとってはそれだけ運用する資金が豊富になります。

　また、資金使途は、一般に長期の運転資金や設備資金で、しかも低金利で融資することができますので、銀行にとっても取引先企業の育成・強化に役立たせることができます。なお、委託金融機関には、次のような関係機関があります。

- ●政府関係機関……住宅金融支援機構、日本政策金融公庫など
- ●その他　　　……商工組合中央金庫、信金中央金庫、全国信用協同組合連合会など

委託金融機関の資金を代理して融資

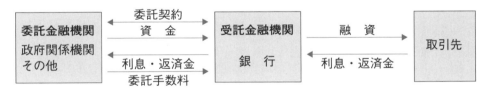

② 委託契約の留意点

　代理貸付業務を行う場合は、あらかじめ委託金融機関と受託金融機関との間で包括的な業務委託契約が結ばれ、代理貸付にあたっていろいろな条件・内容が決められています。

　この委託契約でとくに注意すべき点は、受託金融機関は委託金融機関に対して、代理貸付の元利金について一定割合の保証責任を負わされているということです。住宅金融支援機構の場合を除いてほとんどが、融資額の全額または一部を保証することになっています。

　したがって、代理貸付の取扱いについては、代理貸付の目的、受託金融機関の責任などをよく理解し、適切な運用と厳正な取扱いをするようにしなければ

受託金融機関は、一定の保証責任を負担

なりません。その他、各機関についてもそれぞれ決められた保証割合があります。

　代理貸付を行う場合、銀行は委託金融機関の**代理人**であると同時に、**保証人**でもありますから、お客さまが代理貸付を受ける要件を満たしているかどうか、**資金使途、融資効果、返済能力、担保能力**などを**厳正に調査**することが必要です。

　また、代理貸付した資金が**資金使途どおりに使用**されたかを確認し、それを証明する領収書などの写しを提出してもらう必要があります。とくに設備資金などの場合は、融資担当者が**現場に出向いて自分で確認**することが大事です。

● まとめ ●

　融資にはいろいろな種類と融資方法があることを、おおよそ理解できたと思います。お客さまから融資の申込みや相談があった場合、まず、お客さまの話をじっくり聞くことを身につけるよう心がけましょう。

　融資の中でも、企業中心の融資とは別に、一般の消費者を対象とした個人ローンや住宅ローンへの関心が高まっています。

　お客さまのニーズをしっかりつかむためにも、話をよく聞き、そして、要点をメモする習慣をつけてください。これが、融資担当者の第一歩です。

🦉 第２章　確認テスト

問題　次の文章を読んで、正しいものには○印を、誤っているものには×印を（　　）の中に記入しなさい。

（　　）１．金銭消費貸借契約は、書面による合意がある場合に限って、お客さまに金銭（物）を交付しなくても成立が認められる。

（　　）２．手形貸付は融資実行の際、お客さまから金融機関あての手形と借用証書を差し入れてもらう融資方法である。

（　　）３．証書貸付は、金銭消費貸借契約証書および当座勘定貸越約定書を取り交わす融資方法である。

（　　）４．証書貸付の返済方法のうち、元金均等返済は、毎回の返済額が均等となるため、返済計画がたてやすい。

（　　）５．手形割引とは、取引先が商取引で受け取った約束手形や為替手形を、資金が必要となった場合に、その手形の支払期日の前に取引銀行に依頼して、支払期日前に銀行が買い取る融資方法である。

（　　）６．当座貸越は、事前に当座貸越契約を結んだ先に対して、金融機関が貸越極度額（利用限度額）をあらかじめ設定し、その範囲内で手形・小切手の決済をする融資方法である。

（　　）７．個人ローンは、日常生活に不可欠なものとなっており、銀行にとっても、今後の営業推進に欠かせない商品となってきている。

（　　）８．カードローンは、ある一定の限度額の範囲内でATMを利用して反復して借入れができるローン商品である。

（　　）９．支払承諾は、銀行がお客さまから委託されて、各種の債務を保証することで、いわば「銀行の信用」を貸し出すものである。

（　　）10．代理貸付とは、委託金融機関である銀行が、受託金融機関である他の金融機関との業務委託契約に基づいて受託金融機関の代理人となり、受託金融機関の資金を代理して取引先に融資することである。

☞**解答は** 166 **ページ**

第 **3** 章

融資の受付・審査

●この章のねらい●

　融資業務の最初のステップは、申込みの受付からはじまります。

　本章では、受付業務ではどのようなことに注意すべきか、その心が
まえから応対のポイントなどを学習します。

　融資の申込みを受け付け、それを審査するまでの融資の流れなどに
ついては、融資担当者として最低限知っていなければならない基本的
な知識ばかりですから、しっかり身につけましょう。

1. 融資業務の重要性と事務の流れ

1 正確な事務手続が求められる理由

融資業務は、預金・為替業務と並んで、**銀行の主要業務**の一つと位置づけられ、最大の収益の源泉となっています。

融資業務は最大の収益の源泉

銀行が融資で運用する資金量は、銀行の総資金量のうち大きな割合を占めています。地域経済に及ぼす影響力も、当然大きなものがあるのです。

融資業務では、融資先（取引先）の実態把握、資金使途をはじめ、融資金額、返済原資・条件、あるいは担保・保証条件などを確認し検討しなければなりません。当然、融資先（取引先）の納得・合意が必要となります。

重要

さらに融資担当者としては、銀行が優位な立場を利用して、一方的な条件をお客さまに押し付けていないかどうかを確認する責任があります。

バブル崩壊以降の不良債権の発生の原因は、銀行の身勝手な融資姿勢であるとの指摘もあり、それによる苦情・トラブルの原因のほとんどが、銀行の説明不足とお客さまの理解不足に負うところに原因があったと思われます。

融資業務の中でも、たとえば融資審査では、複数の人が目を通し、営業店においては、直接の上司である課長や次長・副支店長、支店長などの目が届くという傾向がありますが、融資の事務手続では、そのほとんどを担当者1人で行うケースが多いのではないかと思います。

つまり、担当者が**正確な事務手続**を怠っていると、業務に多大な支障が生じかねないのです。

重要

法律・規則に則った業務に徹することが大切

たとえば、割引手形の振出日が空白（「白地手形」といいます）のまま期日呈示したところ、不渡りとなり、割引依頼人も連鎖倒産して買戻しが不能となったため、裏書人に対する支払請求もできず、不良債権につながるというケースがあります。

また、担保不動産が建物であったのに、火災保険が切れていて継続依頼を失念している間に、火災によって担保としていた建物が消滅してしまったため、融資債権が回収不能となってしまった。あるいは、担保として預かっていた土地・建物の権利証や有価証券を誤って紛失してしまったなど、融資事務管理がずさんなために、トラブルにつながるケースも多いのです。

権利証☞ p. 116

　融資業務に携わるにあたっては、実務知識の習得はもちろんのこと、法律や規則に則ったミスのない融資事務に徹するよう、日頃から心がけておく必要があります。

2 融資の受付から実行までの流れ

　まず、一般的な融資の受付から実行までの仕事の流れの順序を見てみましょう。

① 　お客さまからの融資申込みの**受付**
② 　融資申込みが適正なものかどうかを検討する**店内協議**
③ 　申込人の信用状態を調査する**信用調査**
④ 　**稟議書の作成**
⑤ 　融資の**実行**
⑥ 　融資実行後の**管理**

融資事務の流れ

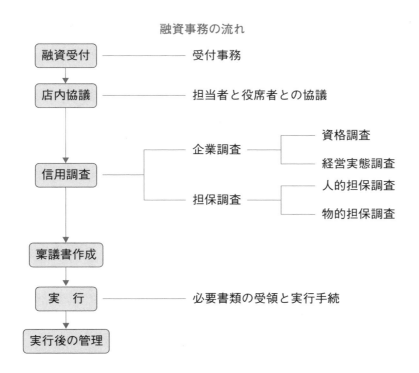

2. 融資の受付と店内協議

1 融資受付の心がまえ

融資申込みを受け付けるための基本的な心がまえを考えてみましょう。

重要

> **融資受付の基本姿勢**
>
> ① 謙虚に申込内容を聴き、**客観的に対応する心がまえを持つ**
> ② お客さまの話に関心を持って、**必要事項を全部聴き取る**
> ③ お客さまの**よき相談相手になる**
> ④ 十分な**説明責任**を果たす

　融資申込みをするお客さまは、すでに取引をしている企業の社長やまったくの新規の個人のお客さまなどさまざまですが、担当者の応対振りや、自分の言うことを聴いてもらえるか、難しい書類を書かされないだろうか、あるいは難しい条件を言われないだろうかなどと、それぞれ非常に不安な気持ちを抱いて来店されています。そのために、融資の受付に際しては、**謙虚に誠意をもって**申込内容を聴き、そして正確にその内容を理解しなければなりません。また、私情や主観を入れずに、お客さまが融資を**必要とする事情を客観的に把握**するよう心がけることが大切です。

　そのためには、相手の話に上手に乗って、お客さまが考えていることを全部話してもらえるよう専念することが必要です。要するに、**聴き上手になること**です。

　また、融資案件の話をするときは、必ずメモをとるようにします。

　場数を踏んで慣れてくると、世間話から業界の話、同業者の現状など、その企業の状態を会話の中で、自然と把握できるようになるものです。そのためには、相手に対して前向きな姿勢で臨むことが大切です。

　また、最近のように、経済情勢の変化や景気変動が激しい時代では、融資の申込みにあたって、取引先の経営環境の変化なども把握しておくことが必要です。とくに中小企業の場合、6カ月間くらいで業績が急激に良くなったり悪くなったりすることがあります。したがって、申込内容に関連する事柄で、お客

聴き上手になること
が大切

58

さまも気がついていないことも理解してもらうように、よき相談相手になることが、融資受付時の大切な業務といえます。

② 申込人の資格要件の確認等

　融資の申込みを受けたときは、まず、「申込人の資格要件」を確認します。

　すでに融資取引があるお客さまについては、過去の取引振りや信用状況を調べたり、渉外担当者が訪問している先であれば、業況や風評を聴き出すことができるでしょう。

　しかし、今まで融資取引がまったくないお客さまで、今回が新規取引の申込みという場合には、店内協議までに次のような事項を確認しておかなければなりません。

申込人の資格要件の確認☞ p.68

```
● 申込人の本人確認
● 申込人の行為能力の確認
● 取引停止処分の有無
● 申込人の過去の取引不良経歴の有無
● 暴力団など「反社会的勢力」でないことの確認
● 個人信用情報機関の利用
```

　資格要件の確認が済むと、申込内容をおうかがいすることになります。お客さまの要望を正確に聴き取るためにも、必ず記録する習慣をつけましょう。

申込内容の確認 ☞ p.61

```
● 融資申込金額            ● 融資希望日
● 資金使途              ● 融資期間（返済予定日）
● 返済方法              ● 返済原資
● 保証人の有無            ● 担保の有無
● その他、金利等
```

③ 申込書に記入してもらう

　融資申込書は、申込人の氏名・住所、申込金額、融資希望日、資金使途、返済方法、保証人および担保物件などを記入するようになっています。

　記入事項については、必ず**お客さま自身（融資申込人）に記入**してもらい、**署名捺印（記名押印）**していただくことを忘れないようにしてください。

4 受付書類も確認する

　お客さまは、融資の申込みをするために来店されたとき、あらかじめ準備した書類（たとえば、会社案内、会社業歴書、見積書、財務諸表など）を持参している場合があります。

　融資受付時には、それらの書類にもきちんと目を通し、必要があると考えられるものは、この時点で預かる必要があります。

　以上、融資申込内容の確認事項について勉強してきましたが、融資の受付事務は、お客さまの話をただ漫然と聴くだけでなく、それぞれの項目について**検討しながら正確に聴き取る**ことが重要なのです。そうしなければ、今後取引していくうえでお客さまの満足も得られませんし、融資担当者としての責任も果たせないことがよくおわかりいただけたと思います。

5 CS の考え方

　金融業はサービス業であるといわれていますが、サービス業で一番大切なことは、来店された**お客さまに満足して帰っていただくこと**でしょう。そして、**リピーターとして再度来店していただくこと**、これが **CS**（Customer Satisfaction）の考え方です。

　サービス業の王者、東京ディズニーランドの入場者の85％は、リピーターであるといわれています。銀行でも、来店されるお客さまに満足していただくために、たとえばお客さまの待ち時間の短縮を図ったり、なごやかな雰囲気を作るために店頭に花を飾ったり、BGM を流したり、お年寄りのお客さまのために老眼鏡を用意したり、また、最近は年金口座をお持ちのお客さまに誕生日のお祝いの品を配るなど、ハードとソフトの両方の面からいろいろな工夫を凝らしています。

　融資担当者としての CS は、いままで学習してきたように、お客さまの申し出を何でも聴き入れるということではなく、お客さまの話に耳を傾け、お客さまにとって**適切なアドバイスや情報**を提供し満足していただくことです。

お客さまの話に耳を傾け、適切なアドバイス・情報を提供

3. 申込内容の確認

① 申込金額を検討する

　お客さまは当然、必要な金額を申し込んでくるのですが、融資をする銀行側からすると、必要だから申込金額どおりにお貸ししますというわけにはいきません。

　資金使途や返済金額にもよりますが、企業の場合ならその**規模**、個人であれば**年収**との関係からみて、申込金額が妥当であるかどうかを検討する必要があります。

　企業の場合、資本金や従業員数、月商から考えて必要な資金かどうか、設備資金の場合なら、その設備がその企業にとって適正なものであるかどうか、また運転資金の場合なら、売上債権、支払債務、在庫などを調査して、実際に必要な資金であるのかどうかを検討することも必要です。

　なお一般的には、借入金総額が**月商の６倍**を超えると債務過多になって、資金繰りが苦しい状態になるといわれています。

　個人の場合には年間の所得がほぼ決まっていて、急激に増加したり減少したりしないものですから、居住状況や家族数から生活費などを推定し、現在の住宅ローンなどの返済額もあわせて返済が可能かどうかを判定します。返済合計額が年間所得の40％を超える場合は妥当とはいえないでしょう。

② 融資希望日を検討する

❶融資希望日までの日数

　今日融資の申込みを受け付けたからといって、すぐに融資できるものではありません。

　申込みがあったら、役席者と協議し、お客さまの信用調査や保証人・担保の調査をしますが、これにはある程度の時間がかかります。

　また、稟議書を作成し、支店長の決裁、場合によっては本部の決裁も必要となりますので、融資の実行までには相当の日数がかかります。

　ですから、**融資希望日までの日数が妥当であるか**どうかも、申込受付時点で判断しなければなりません。

融資希望日は、店内協議、稟議書の作成、本部決裁等を考慮して、余裕を持つことが大切

融資実行までの日数は、銀行によって多少の違いはありますが、信用調査や担保調査などの時間を入れて、支店長権限内で2～3日、本部決裁のものでは少なくとも1週間から10日くらいの日数を要します。つまり、融資の希望日までの日数がこれ以下の場合には、申込みを受け付けても間に合わないことになります。

❷融資希望日への対応

　普通、お客さまは融資希望日までは相当の余裕を持って申込みに来店されますが、お客さまが知りたいのは、自分の申込みが融資案件としてとり上げてもらえるのかどうか、つまり「YES」か「NO」か、その回答を早く知りたいのです。もし、融資を断られたら、他の資金手当の方法を考えなければならないからです。

　このようなお客さまの要望に対して、どの銀行も素早く対応できるよう、**クイックレスポンス体制**を整えてきています。ですから融資担当者としては、お客さまがいつまでに「YES」、「NO」の回答がほしいのかを確認する必要があります。

　なお、融資の申込先が企業の場合なら、通常は「資金繰り表」を作成していますから、運転資金の不足であれば、企業の経理担当者は少なくとも1カ月くらい前にはわかるでしょう。また、設備資金の場合なら3～6カ月くらいの準備期間があるはずです。

「融資の可否を早く連絡してほしい」というお客さまの要望の背景を理解するようにしましょう

3　融資期間（返済予定日）を検討する

　お客さまが融資を希望する期間は、資金使途や返済方法にもよりますが、通常は**運転資金**ならば**短期**、**設備資金**ならば**長期**となります。

　しかし、運転資金の場合でも、企業の業容拡大に伴う増加運転資金や、慢性的な資金不足の場合には短期間で返済することはできないでしょうし、設備資金といっても、他の遊休資産の売却等によって短期に返済される場合もありますので、受付時に返済予定日をはっきり確認しなければなりません。

　融資金の返済期間は、資金使途や返済原資、返済能力、担保の条件などによって決定します。つまり、取引先が融資金を何に使って何で返済するかが、返済期間を決定する重要な要素であり、取引先の将来性を見極め、融資金の**安全性**を確保することが必要といえます。

増加運転資金や設備資金の場合、返済期間が長期となるので、返済日の検討は慎重に

4　返済方法の確認と返済原資の検討

　融資を実行する場合、融資金は返済予定日に一括して全額返済するのか、または、返済予定日までに何回かに分割して返済するのかなどを確認しなければなりません。

　通常は、運転資金ならば一括返済、設備資金ならば分割返済が多いようですが、お客さまの希望をよく聴き、**返済に無理がないかどうか**、また、**融資金を返済する原資が何か**も聴き取るなどして、十分検討しなければなりません。

　たとえば、売掛金の回収遅れによる運転資金の融資の場合なら、その売掛金の回収金が原資になりますし、長期の運転資金や設備資金の場合なら、これから企業があげる収益が返済の原資になるでしょう。

　とくに設備資金の返済は、融資対象の新設備が稼働することによって得られる収益からなのか、現状の収益から返済可能なのかによって融資の可否判定が大きく左右されますので、受付時にしっかり確認しておかなければなりません。

5　保証人・担保の確認

 重要

　金融機関は、融資金（債権）が回収できなくなった場合に備えて、債務者本人に代わって融資金を返済してくれる**保証人**を立ててもらったり、本人が所有している不動産や有価証券等を**担保**として求めたりします。

　しかし、融資を申し込む人には、常に保証人が存在するとは限りませんし、大きな金額を保証するためには、保証人の保証能力だけでは無理な場合もあります。そういった場合、金融機関は、融資金の保全のため物的担保を差し入れてもらいますので、融資受付時に保証人や担保提供者に対する情報提供やリスク等に関する説明、意思確認などの交渉もしなければなりません。

　また無担保の場合には、保証人や物的担保のある場合に比べて、**債権保全**についてより慎重に検討し、回収に不安がないかどうかを判断しなければなりません。

担保や保証は債権の回収をより確実に（保全）するための仕組み

6　その他、金利等について

　その他、融資申込時にはお客さまからいろいろな要望が出てくる場合があります。たとえば、お客さまにとって借入れの利息はできるだけ低いほうがいいわけですし、借入時にかかる手続や費用は少ないほうがいいはずです。

しかし、これらのことはすべて融資担当者の独断で決定できることではありません。お客さまのご要望をすべて聴いたうえで役席者と協議し、できるだけ満足してもらえるよう努力することになります。

貸出金利については、まず、日本銀行が民間金融機関にお金を貸し出す際の金利である標準金利等を基準に、金利幅を上乗せします。上乗せ幅は次のようなことを複合的に考慮して決めます。

貸出金利決定にあたっての検討事項

① 融資の種類
② 資金使途
③ 取引先の信用度、つまり、優良取引先など
④ 融資期間
⑤ 債権保全状況（担保の状況、保証人の有無など）

このように銀行の調達金利に上記のような要素を検討し、融資内容を総合的に加味したうえで決定します。

そして、取引先の了解のもとに、本部などの融資案件の審査を経て貸出金利が決定されます。このように金融機関の収益は、貸出金利に大きく依存しているのです。

4. 資金使途の把握

1 資金をどのように使うか聴き取る

融資を受けた企業や個人は、当然、その資金を当初の目的のために使うことになります。そこで、融資担当者としては、融資する資金が**実際にどのような使い方をされるか**（これを**資金使途**といいます）を知り、その融資が適正であるのかを検討しなければなりません。

企業にせよ個人にせよ、銀行から融資を受ける場合は、資金繰りや資金使途、返済計画をきちんと立てて必要資金を申し込みます。

それに対して銀行が必要以上の金額を融資すると、手元に余分なお金が残り、余ったお金はどうしても無計画に使われてしまいます。その結果、当初の返済計画が狂ってしまい、資金繰りが苦しくなったり、途中で返済ができずに延滞が発生する可能性がでてきます。つまり、**必要以上の融資は必ずしもお客**

さまのためにはならないのです。

　融資担当者の心得として、「貸すも親切、貸さぬも親切」という言葉を常に心しておきたいものです。

貸すも親切、貸さぬも親切

② なぜ資金が必要になったのかを把握する

　直接的な使途だけでなく、**なぜ必要になったのか**を把握することも大切です。たとえば、支払手形の決済資金が不足するから運転資金を融資してほしいという申込みがあったとします。

　このとき、融資担当者が把握しなければならないことは、なぜ決済資金が不足したのか、ということです。

　売上が計画どおりに伸びなかったり、売掛金の回収が遅れたのかもしれません。場合によっては、回収不能のために手形の決済資金不足となっているのかもしれません。このとき、融資担当者としては直接的な資金使途を確認するだけでなく、**資金を必要とする真の理由**はどこにあるのかについても関心をもち、申込企業の実態をしっかり把握する姿勢で対処しなければなりません。

③ 資金使途を分類してみる

　具体的な資金需要を資金使途から分類してみると、次のようになります。

　このうち、運転資金と設備資金について、それぞれが実際にどんな資金なのか、またどのような場合に必要になるのか解説しましょう。

①　**運転資金**……経常運転資金、増加運転資金、季節資金、つなぎ資金、滞貨資金、赤字補填資金など、企業が**営業活動を行っていくうえで必要な資金**です。たとえば、商品や原材料の仕入れ、支払手形の決済や買掛金の支払い、家賃や従業員の給料の支払いなどに使われます。

●**経常運転資金**……日常の営業活動を継続するために通常必要となる資金です。企業間の支払いや売上代金の回収は、そのすべてが現金で行われているわけではなく、売掛金や受取手形、買掛金や支払手形によって、その大部分が決済されています。企業が十分な純資産を持っていれば、支払いはそれで賄えるのですが、純資産の少ない企業は、受取手形を銀行で割り引いてもらって支払いにあてます。

　　また、経常運転資金の調達に最適な融資が**短期継続融資**です。短期継続融資とは、期日一括返済を条件とした1年以内の短期融資（手形貸付、当座貸越）で、その継続時には手形の書き換え、当座貸越の更新で

対応します。企業にとっては、元金を返済することなく利息の支払いだけで済むので、資金繰りが楽になります。現在、経常運転資金については約定弁済付きの長期融資（5～7年の証書貸付）で対応するケースが主流になっていますが、この場合、返済が必要ですからその分だけ運転資金が苦しくなり、新たな借入れを余儀なくされます。このような理由で資金繰りが厳しくなっている企業に対しては、短期継続融資の活用を提案することができれば、企業の経営改善に大きな効果があります。

- ●増加運転資金……企業の生産や売上高が増加するのに伴って、手持ちの在庫や売掛金、受取手形も増加していきます。そうなると当然支払いも増加しますから、今までよりも多くの運転資金が必要になってきます。これが増加運転資金です。

- ●季節資金……季節ごとに発生する資金です。業種によってその資金はいろいろでしょうが、たとえば、ボーナス資金や年末資金、納税資金などは全業種に共通して必要な資金といえます。

- ●つなぎ資金……入金を予定していた資金が、突発的な事情により入らなかった場合などに必要となる資金です。たとえば、何かの事情で納品が遅れたり、販売の見込み違いや売掛金の回収遅れなどによって資金不足が発生したようなケースです。この場合の融資期間は、通常1週間～1カ月くらいの短期間です。

- ●滞貨資金……需要予測を誤ったために過剰在庫となり、その在庫を維持するのに必要となる資金です。とくに季節商品などの場合は、次の需要期まで在庫を持っていなければならず、流行遅れなどにより不良在庫となる危険性が高いため、銀行にとって融資の対象としては不適当な資金使途といえるでしょう。

- ●赤字補填資金……業績の悪化による損失の補填をするために必要となる資金です。この資金を融資する場合には、今後の経営計画や営業活動など、業績の回復見込みを十分検討しなければなりません。慢性的な赤字企業は、経営体質から見直す必要がありますし、赤字補填資金は回収が長期化する傾向が強く、回収不能となる場合がしばしばありますので、融資担当者としては一人で対応しないで役席者に連絡し、同席してもらうなど慎重な取組みが必要です。

② 設備資金……企業は何らかの設備をもっています。たとえば、店舗や工場の建物、機械設備、車両や什器備品などです。こうした設備の取得や賃

借、**改良、補修に要する資金**が設備資金で、多くの場合、多額の資金を必要としますので、手元資金だけでは賄いきれず、借入金で調達されます。また、これらの設備は使用することが目的であり、販売を目的としているわけではありませんから、その**返済は企業があげる利益から**となり、**融資期間も長期**になるのが一般的です。

③　**消費資金**……住宅購入資金、耐久消費財購入資金、教育資金、レジャー資金などが該当します。

4 赤字補填資金の申込みの対応ポイント

融資の受付時点で赤字補填資金と判断した場合、次の３つのポイントで話を進めます。

業績の悪化による損失補填をするために必要となる資金

- 赤字の原因
- 赤字解消の見込みと方策
- 赤字解消に要する資金量

まず、赤字となった原因を解明するために、お客さまの話を聴きながら損益計算書の項目順に、**どの段階で赤字が発生しているのか**を明確につかみます。そして、その赤字は一時的なものなのか、今後も続くものなのか（つまり、**企業体質に根ざすものなのか**）、さらに拡大するおそれはあるのかを判断することが大切です。

次に、お客さまから赤字解消の見込みと具体的な改善策、改善に要する期間、必要資金量を聴き出します。そしてそれらが実現可能なものかどうか、また債権保全はどうかも検討します。

5. 信用調査のポイント

重要

融資金が確実に回収されるためには、お客さまの信用調査を正確に適正に行わなければなりません。その意味からも、信用調査は重要な業務といえます。

信用調査にはどんなものがあり、それぞれを行う際の注意事項や調査ポイントを解説しました。取引先を見る眼をしっかり養ってください。

1 信用調査の重要性

役席者との店内協議をした結果、お客さまの融資申込みが適正なものと判断された場合には、その次の事務として、受付時にお客さまから聴き取ったことについての実地調査・確認作業にとりかかります。この**実地に行う調査**や**確認する作業**を**信用調査**といいます。

融資した資金は、融資先で効果的に利用され、返済期限までに確実に回収されなければなりません。

万一、融資金が回収できなくなったりすると、銀行にとって大きな損失になるだけでなく、その損失次第では、大切な財産（預金）をお預かりしている預金者の信用を失うことにもなりかねません。

そのような状況に陥らないためにも、融資を実行するにあたっては、融資先が資金の**効果的運用能力**をもっているか、また、**返済能力**をもっているかについて十分調査し、確認することが重要なポイントとなります。

信用調査は融資実行におけるもっとも重要な作業

2 信用調査の種類

信用調査は、融資申込者の調査と担保調査の２つに大別されますが、さらに融資申込者の調査は、法律上の資格調査と経営実態調査に、担保調査は物的担保調査と人的担保調査に分けられます（次ページ参照）。

それぞれの調査のポイントについて解説していきましょう。

3 資格調査のポイント――個人

❶行為能力の確認

融資を行う場合は、まず申込者に契約を行う**行為能力があるかどうか**を確認することからはじまります。

❷本人であることの確認

個人と融資取引を開始する場合、実務のうえでは、本人であることの確認が絶対必要条件です。具体的にどのように確認するか、そのポイントは次のとおりです。

① 窓口に来られたお客さまとの面談を通して、その言動に不審な点がないかどうかを判断します。

② 面談中に運転免許証など、写真入りの本人確認書類の提示を求めて照合・確認します。

運転免許証などで本人確認

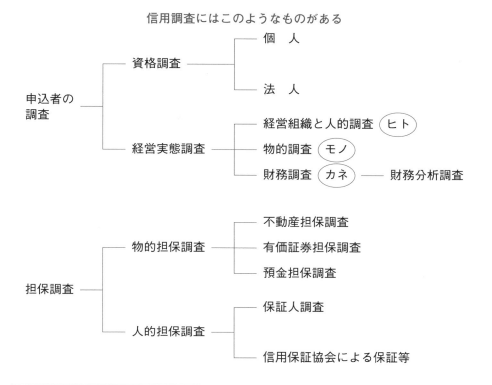

信用調査にはこのようなものがある

申込者の調査
- 資格調査
  - 個　人
  - 法　人
- 経営実態調査
  - 経営組織と人的調査　ヒト
  - 物的調査　モノ
  - 財務調査　カネ — 財務分析調査

担保調査
- 物的担保調査
  - 不動産担保調査
  - 有価証券担保調査
  - 預金担保調査
- 人的担保調査
  - 保証人調査
  - 信用保証協会による保証等

実地調査のすすめ方

① **資格調査**
- 個人：運転免許証、マイナンバーカード、健康保険証、住民票、戸籍謄本、印鑑証明などによる調査
- 法人：登記事項証明書、代表者の印鑑証明、定款（写）、会社案内、興信所などによる調査

② **経営実態調査**
- 銀行で作成されている「信用調査表」の各項目調査
- 財務諸表、試算表、資金繰り表などによる計数分析

③ **物的担保調査**
- 登記事項証明書、登記済証（登記識別情報）、公図などの確認と現地調査
- 不動産業者への聴き取り調査

④ **人的担保調査**
- 訪問面談による保証意思の確認
- 保証能力（収入、資産）の調査

③　面談中で不審な点（制限行為能力者や浪費者と判断されるような言動）制限行為能力者
☞ p.28
　　があれば、成年後見にかかる登記事項証明書または家庭裁判所の審判書
　　（写）の提出を求め、行為能力を確認します。家庭裁判所で調査する方法
　　もあります。

④　印鑑証明の提出を求め、融資の関係書類には、面前で自署捺印してもら
　　って確認します。

　印鑑証明は、本人でなくても交付されます。また、印章が盗難・偽造されて
他人に印鑑証明が交付されることもありますので、印鑑証明だけに頼ることな
く、自宅や事業所を訪問したり電話をかけるなど、**自分の目や耳で確認する**こ
とが大切です。そうしていくことが、人（個人）を見る眼を養うことにつなが
ります。

❸信用情報の確認

　融資取引など「いつまでにいくら支払う」という契約に基づく取引は、個人
の信用情報のうえに成り立ちます。さまざまな金融機関と個人の健全な取引を
サポートするために、信用情報の収集と提供を行うのが**個人信用情報機関**です。

　信用情報とは、個人の信用取引に関する客観的な取引履歴のことです。氏名
や生年月日など個人を特定する情報のほか、クレジットやローンの申込み・契
約内容や返済・支払状況、借入残高などにより構成されます。新たにクレジッ
トカードを申し込んだり融資取引を開始するときは、信用情報機関に登録され
た個人の信用情報を確認し、申込者の「信用力」を判断します。また、信用情
報機関への開示請求によって、個人が自分の信用情報を確認することもできま
す。

　信用情報機関には、全国銀行協会が設置・運営している「全国銀行個人信用
情報センター（KSC）」のほか、主に割賦販売や消費者ローン等のクレジット
事業を営む企業を会員とする「株式会社シー・アイ・シー（CIC）」、主に消費
者金融系の事業を営む企業を会員とする「株式会社日本信用情報機構（JICC）」
があります。

　また、3つの個人信用情報機関は、提携して信用情報交流ネットワーク CRIN
（Credit Information Network：クリン）を運営しており、個人信用情報機関
の会員は、各機関の延滞、代位弁済等の情報の一部を相互に利用することで、
過剰貸付や多重債務者の発生防止などに役立てています。

４ 資格調査のポイント──法人

❶誰と取引をするのか確認する

　法人の代表者が法人のためになした行為は法人の行為とされますから、銀行が法人と取引する場合には、その代表者としなければ後で何かトラブルがあっても、取引の効果を法人に主張することはできません。したがって、法人と融資取引を行う際にも、**代表者と取引（契約）**を行わなければならないのです。

　法人の代表者が誰であるのかは、**法人登記簿**（株式会社等の場合は**商業登記簿**）の登記事項ですから、登記事項証明書によって確認することができます。

　また、法人の代表者が変更・死亡しても、法人の人格の存続には何ら影響はなく、代表者が死亡しても、代表者が法人のために生前になした行為は法人の行為なのですから、その効力を失うものではありません。たとえば、死亡した代表者名義で提出されている代理届、生前に振り出された手形・小切手等いずれもその効力に変わりはありません。

法人の代表者が死亡しても、法人の人格の存続に影響はありません

② 法人取引の場合、何を確認するのか

　次のような事項を登記事項証明書、印鑑証明書などで確認します。

> ①　法人は真正に存在しているか
> ②　法人の代表者は誰か
> ③　その代表者が借入れの権限を持っているか
> ④　株式会社における多額の借入金などについては、取締役会の承認を得ているか

５ 商業登記簿の調査と経営実態調査

　会社等の法人と取引をする場合、商業登記簿（一般社団法人や学校法人、医療法人等の場合は法人登記簿）の登記事項証明書の調査が重要なポイントになりますので、その見方について解説します。

❶登記事項証明書の入手方法

　会社等法人の登記事項証明書は、最寄りの法務局（または支局・出張所）に行けば、誰でも交付を受けることができます。窓口に備え付けられた申請書に所定事項を記入し、印紙を貼付して（これが手数料となります）、窓口に提出します。

また最近は、オンラインや郵送により登記事項証明書の送付を請求したり、インターネットを利用して自宅や会社で登記情報を確認することができるサービス（オンライン登記情報提供制度）も実施されています。

❷登記事項証明書の見方

商業登記簿の登記事項証明書には、会社の商号、本店の所在地、発行済株式の総数と資本金の額、目的、役員に関する事項などが記録されています。

① 目　的

会社の事業が、登記事項証明書の「目的」欄に記載されている事業目的の範囲内かどうかを確認します。事業目的は法人の設立要件として明記されていなければなりません。会社が行うことのできる事業は、この「目的」の範囲内に限るとされています（民法34条参考）。会社は、そこに記載されている事業を営むことを目的としているのですから、原則として、この目的以外の資金使途に対する融資取引をすることはできません。したがって、融資取引先の事業目的をチェックしておくことが重要です。

☞会社法27条1号
金融に関する事業目的や多数の事業目的がある場合は要注意

② 役員に関する事項

法人と取引する場合には、取引の相手方が代表者であることを確認する必要があります。株式会社の場合の代表者は、取締役会で選ばれた代表取締役と取引をします。なお、代表取締役が複数名いる場合は、各代表取締役が代表権を持つことになります。

☞会社法349条2項
代表権のある役員の交代が頻繁な場合は要注意

なお、株式会社の場合、取締役と監査役については肩書と氏名のみが登記事項証明書に記載され、代表取締役だけは、原則として住所も記載されます。

③ その他の事項

設立年月日、資本金などについても確認します。

会社設立年月日が新しい場合にも注意が必要

以上の項目について調査した結果、たとえば本店の住所が登記簿上の所在地と違っているような場合には、その理由を調査・確認する必要があります。

❸企業の実態を知る──経営実態調査

まず、事前調査として、対象先企業の経営組織や財務内容、あるいは経営環境などを分析して、**その企業の収益性や安全性、成長性**などをみることです。

それによって、融資の申込みがあった企業に融資を実行した場合に、その企業が資金を効率的に活用し、回収に懸念がないかどうかを調査します。

具体的には、融資申込先の社長や経理担当者と面談し、銀行において作成さ

れている信用調査表の各項目を聴取して、企業概況を把握することからはじまります。なお、これらはほとんど計数によらない調査となります。

信用調査表の書き方

- ●**所在地**……登記上の所在地と本社の実際の所在地を確かめて、違っている場合はその理由を明記しておくこと。
- ●**営業種目**……たんに製造業、卸売業というだけでなく、たとえば家具製造業、繊維製品卸売業など具体的に記入する。また、主たる取扱品目も、木製キャビネット、応接セット、木製ベッドなどと記入する。
- ●**従業員**……正社員数だけでなくパート社員数も記入し、正社員との換算値も記入すれば、1人当たり生産性や人件費などの判断が容易になり、同業他社との比較ができる。
- ●**沿　革**……創業時の事業内容から記入し、法人への組織変更、資本金の推移、本社・工場の変遷などを記入する。また、大企業、親会社などの系列関係やその結びつきの時期、理由なども記入することにより、企業基盤がはっきりする。
- ●**生産および販売能力**……受注生産か見込生産か、外注依存度はどのくらいか、協力工場を含めた生産高はどれくらいか、また、販売代理店の数や直接販売との比率などを記入する。
- ●**主力取引先名**……販売先・仕入先ともに取引量の多い順に記入し、代理店制度をとっている企業の場合は区別しておく。また、大口販売先がある場合は、その内容把握、管理体制なども記入する必要がある。
- ●**取引金融機関名**……他行取引状況（預金、借入状況等）
- ●**総　評**……業界における地位や業界シェアなど、概評を簡潔にまとめ、経営上の長所および問題点をとり上げて、営業店の取組み姿勢と今後の取引方針などを記入する。

---

❹企業の概況と沿革をみる──経営組織調査のポイント

　信用調査表の項目にしたがって調査ポイントを解説していきますが、まずはその企業がどういう業種か、そしてその企業が主に取り扱っているものは何かなど、基本的な事柄からはじめます。この主要取扱商品の調査は、その**企業の将来性**をみるうえで大切なことです。

　また、企業の創業時からの沿革を聴取しながら、その企業の業態の概況をつかみ企業体質を知ることもできます。

6 ヒトをみる──人的調査のポイント

人的調査とは、企業における**経営組織を中心とした調査**のことをいい、経営組織を構成する経営者、経営スタッフおよび従業員が調査対象となります。

「企業は人なり」とよくいわれますが、企業の組織を構成する経営者と従業員が、**適切な人物、人材であるかどうか**は、その企業の将来を大きく左右します。その点について調査をするということは、ある意味では、物的調査や財務分析（後で解説します）よりも重要です。

しかし、物的調査が視覚的に、また財務分析が計数で客観的にとらえられるのに対して、人的調査は人間的側面を中心に調査するため、判断する人の主観に流れやすいということが最大の難点でしょう。

また、財務分析が過去の時点での実績について調査分析をするのに対して、人的調査はその結果に基づいて**企業の将来を展望する**ところにその特徴があるといえます。

経営者の人柄は、言動などによりある程度の把握が可能

❶人的調査の具体的なポイント

次のような項目について調査します。

> ①　経営者…………経歴・人格（人柄）・経営能力・経営姿勢・健康・趣味など
> ②　経営スタッフ…役員構成と略歴、担当部門・株主構成など
> ③　従業員…………人数・構成状況・平均年齢など

❷経営者に関してチェックすること

次のような項目を総合して、融資判断資料の一つとします。

① **経　歴**

「企業の能力は経営者の能力」といわれるように、それまで業績の悪化していた企業が、優秀な経営者によって立ち直った例は少なくありません。

とくに中小企業の場合は、経営者がすべてであるといっても過言ではないほど大きな影響力を持っています。というのも、中小企業の経営者の考え方は、企業の方針に直結しているからです。

お客さまと応対をする際には、経営者の経歴を聴きながら、同時にその企業の概要をつかみ、**企業体質を鮮明にさせる**ことが重要です。

② **人　柄**

責任感が強く誠実で、物事にくじけない強い意志を持っている経営者か

どうかを観察します。なぜなら、経営者の人柄から経営手腕が推測され、経営手腕はその企業の発展の原動力となるからです。

　もちろん、1～2回の面談でその人柄がわかるはずもありませんが、会話の端々から**観察を怠らない**ことです。

③　経営能力

　経営者が、経営にあたって**確固たる経営方針を持っているか**を確認することも、調査のポイントの一つです。たとえば、企業の現状を質問したときに的確な答えが返ってくるか、計数把握は十分できているかなどによって確認できるでしょう。

④　経営姿勢

　経営者は、本業に専念することが一番望ましいことです。しかし、年を重ねるにつれ、業界内のみならず本業以外の公職や名誉職を数多く兼務している場合もあります。そうなると、本業に専念する時間が少なくなることもあるでしょう。その結果、企業競争に遅れをとり、思わぬ事業破たんを招くことにもなりかねません。

　公職や名誉職を兼務しているというだけで、経営者の経営能力や経営姿勢を評価することがはできないのです。

⑤　**健康・趣味**

　経営者の健康状態を知ることは大変重要です。たとえば、経営者が病気がちの場合は、企業の経営姿勢にも引っ込み思案になり、決断力や実行力が鈍ることもあるでしょう。

　また、趣味は経営者の私生活を知るうえで重要なポイントになります。

経営者のチェック項目

①　経営者として先見性のある洞察力を持っているか

②　実権のある経営者か

③　企業の実態を計数的に把握しているか

④　性格的にも人物的にも信頼のおける人物か

⑤　経営に対して真剣さがうかがい知れるか

⑥　後継者の育成を怠っていないか

⑦　従業員の評判はよいか。また、定着率は高いか

⑧　計画性に富み、確たる経営ビジョンを持っているか

⑨　むやみに主取引金融機関を変更していないか

---

❸経営スタッフについて調査すること

①　役員構成と担当部門

　　役員の顔ぶれを一通り調べると、経営陣がしっかりしているかどうかが、だいたいわかります。

役員の顔ぶれを調べれば経営状況がある程度みえてきます

　　チェックのポイントとしては、まず、取締役や監査役の氏名、年齢、略歴を見渡し、従業員から昇進した役員と外部から入ってきた役員、さらには代表者一族の役員に分けてみます。

　　従業員昇進役員の利点としては、社内事情や専門分野における知識が豊富であること、一般従業員に将来の希望を持たせることによりモラルの向上が期待できること、後継者を計画的に育成するのに都合がよいことなどがあげられます。反面、企業内だけの人材では選択に限界があり、視野が狭い人間が多いという欠点もあるでしょう。

　　それに対して外部からの役員は、客観的で大局的なものの見方ができますが、逆に企業内部の事情にうとく、人事面でも従業員の抵抗が多いという傾向があります。また、親会社や金融機関からの派遣役員がいると、見方によれば安全な企業ともいえるでしょうが、派遣先会社が採算を度外視してまで援助してくれるとは限らないので、必ずしも安心というわけにはいきません。

　　なお、経営者を含む担当役員は、兼務が多くなると、どうしても管理が不十分になりますので、1役員1担当部制がもっとも望ましく、その点についてもできる限り調査すべきです。

②　株主構成

　　株主にどのような人がいるかを知ることによって、その企業の性格を知ることができます。そこで、主な株主の住所、氏名、職業、会社との関係を調査してみましょう。

　　一般的に、中小企業は経営と資本が分離しておらず、株主が経営者とその家族だけであるところが多く、閉鎖的な構成になっています。最近では、経営に参加するという意識を従業員に持たせるために、従業員持株制度を採用して、従業員の定着状況の向上をはかっている企業もあります。

❹従業員について調査すること

　企業を動かしているもう一つの人的な要素に「従業員」があります。従業員に対する調査のポイントには、次のような項目があげられます。

```
            従業員に関する調査ポイント

  ● 従業員の資質はどうか

  ● 企業規模に対して適正な人員か

  ● 勤労意欲はどうか

  ● 年齢別構成はどうか

  ● 平均勤続年数は何年か

  ● 労働組合の有無は
```

　これらについて聴き出すと同時に、それらが適切であるかどうかを調べるためにも、**同業者や同規模の企業と比較検討**してみることも必要でしょう。

7 モノをみる──物的調査のポイント

❶物的調査の具体的なポイント

　信用調査の中でも、所有不動産、機械設備、工場（店舗・事務所）、主要取扱商品・在庫品（製品）、主力販売先・仕入先などのように、**物質的なものを客観的にとらえて調査すること**を**物的調査**といいます。この調査は、物の機能的な価値を把握するのが目的ですが、信用を担保するという意味から、どうしても**経済的価値調査**の色彩が強くなるのが特徴といえます。

```
                  主な物的調査項目

  ①  所有不動産……不動産登記簿による調査

  ②  機械設備……新鋭・老朽の状況、稼働状況の調査

  ③  工場（店舗、事務所）……立地条件の確認

  ④  主要取扱商品（製品）・在庫……商品の市場性・在庫管理の状態の調査

  ⑤  主力販売先・仕入先……取引先名・取引額・回収、支払条件の調査
```

❷所有不動産はどう調べるか

　融資の申込みをしてきた企業が、どの程度の不動産を所有しているかを調査するには、まず、法人（代表者の個人保証を求める場合は法人および代表者）の不動産の所有状況を質問することからはじめます。

　この不動産調査は、融資審査の判断のうえで大きなウエイトを占めますので、登記事項証明書によって調査内容を確認する必要があります。

8 所有不動産を調査する

❶登記事項証明書を手に入れる

　登記事項証明書は、誰でも最寄りの法務局（登記所）に行き、手数料（収入印紙）を納付して申請すれば交付を受けることができます。他の登記所管轄の所在地の不動産についても、最寄りの登記所から全国の登記所に請求し取り寄せることができます。

　さらに、インターネットを利用すれば、オンラインによる登記事項証明書等の送付請求をすることができます。もちろん、従来同様、申請書に所定事項を記入し、印紙を貼付して返信用封筒を同封すれば、郵送によって登記事項証明書を取り寄せることもできます。

📖 不動産登記には公信力がない

　　本来ならば、無権利者と取引しても権利を取得しないというのが原則ですが、動産については、即時取得の規定（民法192条）があり、民法は、動産取引の安全を保護するために、無権利者と取引したとしても、動産の取得者が平穏・公然に占有を開始したことや、取得者が前主の無権限について知らず（善意）、そのことに過失がない（無過失）といった一定の要件を満たすときには、権利（所有権や担保権）を取得することができるとしています。

　　しかし、不動産取引にはこの規定の準用がなく、他に民法上の規定もありません。したがって、不動産登記簿上に所有権者と登記されている者と抵当権設定契約をしても、真実の所有権者でなければその抵当権は無効になるのです。つまり、不動産登記簿の登記という外観を信じても、動産取引とは異なり、保護は受けられないということです。これを、不動産登記には「公信力がない」といいます。

不動産登記簿は、必ずしも実態どおりとは限らない

❷不動産登記簿とは

① 土地・建物の登記簿

　　土地・建物の登記簿は、表題部、権利部（甲区・乙区）に分かれていて、それぞれ次のような事項が記録されています。

表題部：権利の目的となっている土地または建物の**所在地および現況の表示**

　土　地：所在地、地番、地目、地積、登記原因およびその日付、登記の日付

　建　物：所在地、家屋番号、種類、構造、床面積、登記原因およびその日付、登記の日付

登記事項証明書（土地）

東京都特別区南都町1丁目101　　　　　　　　　　　全部事項証明書　　　　（土地）

表　題　部	（土地の表示）		調製	余白		不動産番号	0000000000000

地図番号	余白		筆界特定	余白			

所　在	特別区南都町一丁目			余白		

①　地番	②地目	③　地　積　㎡	原因及びその日付〔登記の日付〕
101番	宅地	300:00	不詳〔平成20年10月14日〕

所　有　者	特別区南都町一丁目1番1号　甲　野　太　郎

権　利　部　（甲　区）　　（所　有　権　に　関　す　る　事　項）			
順位番号	登　記　の　目　的	受付年月日・受付番号	権　利　者　そ　の　他　の　事　項
1	所有権保存	平成20年10月15日第637号	所有者　特別区南都町一丁目1番1号甲　野　太　郎
2	所有権移転	令和1年5月7日第806号	原因　令和1年5月7日売買所有者　特別区南都町一丁目5番5号法　務　五　郎

権　利　部　（乙　区）　　（所　有　権　以　外　の　権　利　に　関　す　る　事　項）			
順位番号	登　記　の　目　的	受付年月日・受付番号	権　利　者　そ　の　他　の　事　項
1	抵当権設定	令和1年5月7日第807号	原因　令和1年5月7日金銭消費貸借同日設定債権額　金4,000万円利息　年2.60%（年365日割計算）損害金　年14・5%（年365日割計算）債務者　特別区南都町一丁目5番5号法　務　五　郎抵当権者　特別区北都町三丁目3番3号株　式　会　社　南　北　銀　行（取扱店　南都支店）共同担保　目録(あ)第2340号

共　同　担　保　目　録				
記号及び番号	(あ)第2340号		調製	令和1年5月7日
番　号	担保の目的である権利の表示	順位番号	予　　備	
1	特別区南都町一丁目　101番の土地	1	余白	
2	特別区南都町一丁目　101番地　家屋番号　101番の建物	1	余白	

これは登記記録に記録されている事項の全部を証明した書面である。

令和2年1月14日
関東法務局特別出張所　　　　　　　登記官　　　　　　　　法　務　八　郎

＊　下線のあるものは抹消事項であることを示す。　　　　整理番号　D12445　（1／3）　　2／2

登記事項証明書（建物）

東京都特別区南都町1丁目101　　　　　　　　　　　全部事項証明書　　　　　（建物）

表 題 部	（主である建物の表示）	調製	余白		不動産番号	0000000000000

所在図番号	余白		
所　　在	特別区南都町一丁目　101番地		余白
家屋番号	101番		余白

① 種 類	② 構 造	③ 床 面 積　　㎡	原因及びその日付〔登記の日付〕
居宅	木造かわらぶき2階建	1階　　80：00 2階　　70：00	令和1年5月1日新築 〔令和1年5月7日〕

表 題 部	（附属建物の表示）			
符 号	①種 類	② 構 造	③ 床 面 積　　㎡	原因及びその日付〔登記の日付〕
1	物置	木造かわらぶき平家建	30：00	〔令和1年5月7日〕

所 有 者	特別区南都町一丁目5番5号　法 務 五 郎

権 利 部 （甲 区）	（所 有 権 に 関 す る 事 項）		
順位番号	登 記 の 目 的	受付年月日・受付番号	権 利 者 そ の 他 の 事 項
1	所有権保存	令和1年5月7日 第805号	所有者　特別区南都町一丁目5番5号 　　法 務 五 郎

権 利 部 （乙 区）	（所 有 権 以 外 の 権 利 に 関 す る 事 項）		
順位番号	登 記 の 目 的	受付年月日・受付番号	権 利 者 そ の 他 の 事 項
1	抵当権設定	令和1年5月7日 第807号	原因　令和1年5月7日金銭消費貸借同日設定 債権額　金4,000万円 利息　年2・60％（年365日日割計算） 損害金　年14・5％（年365日日割計算） 債務者　特別区南都町一丁目5番5号 　　法 務 五 郎 抵当権者　特別区北都町三丁目3番3号 　　株 式 会 社 南 北 銀 行 　　（取扱店　南都支店） 共同担保　目録(あ)第2340号

共 同 担 保 目 録				
記号及び番号	(あ)第2340号		調製	令和1年5月7日
番 号	担保の目的である権利の表示	順位番号	予　　備	
1	特別区南都町一丁目　101番の土地	1	余白	
2	特別区南都町一丁目　101番地　家屋番号 101番の建物	1	余白	

登記事項証明書（区分建物）

東京都特別区南都町１丁目３－１－１０１　　　　　全部事項証明書　　　（建物）

専有部分の家屋番号	３－１－１０１　３－１－１０２　３－１－２０１　３－１－２０２

表　題　部　　（一棟の建物の表示）	調製	余白	所在図番号	余白

所　　在	特別区南都町一丁目　３番地１	余白

建物の名称	ひばりが丘一号館	余白

①　構　　　造	②　床　面　積　㎡	原因及びその日付〔登記の日付〕
鉄筋コンクリート造陸屋根２階建	１階　　３００：６０ ２階　　３００：４０	〔令和１年５月７日〕

表　題　部　　（敷地権の目的である土地の表示）				
①土地の符号	②　所　在　及　び　地　番	③地目	④地　積　㎡	登　記　の　日　付
１	特別区南都町一丁目３番１	宅地	３５０：７６	令和１年５月７日

表　題　部　　（専有部分の建物の表示）	不動産番号	０００００００００００００

家屋番号	特別区南都町一丁目　３番１の１０１	余白

建物の名称	Ｒ１０	余白

①　種　類	②　構　造	③　床　面　積　㎡	原因及びその日付〔登記の日付〕
居宅	鉄筋コンクリート造１階建	１階部分　　１５０：４２	令和１年５月１日新築 〔令和１年５月７日〕

表　題　部　　（敷地権の表示）			
①土地の符号	②　敷地権の種類	③　敷　地　権　の　割　合	原因及びその日付〔登記の日付〕
１	所有権	４分の１	令和１年５月１日敷地権 〔令和１年５月７日〕

所　有　者	特別区東都町一丁目２番３号　株　式　会　社　甲　不　動　産

権　利　部　（甲　区）　　（所　有　権　に　関　す　る　事　項）			
順位番号	登　記　の　目　的	受付年月日・受付番号	権　利　者　そ　の　他　の　事　項
１	所有権保存	令和１年５月７日 第７７１号	原因　令和１年５月７日売買 所有者　特別区南都町一丁目１番１号 　甲　野　一　郎

権　利　部　（乙　区）　　（所　有　権　以　外　の　権　利　に　関　す　る　事　項）			
順位番号	登　記　の　目　的	受付年月日・受付番号	権　利　者　そ　の　他　の　事　項
１	抵当権設定	令和１年５月７日 第７７２号	原因　令和１年５月７日金銭消費貸借同日設定 債権額　金４，０００万円 利息　年２・６０％（年３６５日日割計算） 損害金　年１４・５％（年３６５日日割計算） 債務者　特別区南都町一丁目１番１号 　甲　野　一　郎 抵当権者　特別区北都町三丁目３番３号 　株　式　会　社　南　北　銀　行 　（取扱店　北都支店）

> 権利部（甲区）：所有権の登記に関する事項（所有権の移転登記、所有権移転仮登記、差押え、仮差押え、破産手続など）
>
> 権利部（乙区）：所有権以外の権利の登記に関する事項（抵当権、根抵当権、地上権、賃借権などの設定・抹消）

権利部（甲区）
現在の所有者、差押え・破産などの有無を確認
権利部（乙区）
担保の設定状況や担保余力を確認

② 区分建物の登記簿

　マンションの各部屋（区分建物。不動産登記では「専有部分」といいます）の登記簿は、マンションの建物全体の表題部と、専有部分の表題部・権利部で構成されています。

③ 担保の設定状況を確認する

　登記事項証明書で所有不動産の確認をしたら、次にその不動産の**抵当権設定状況**や、**その他の権利関係**を確認します。

抵当権☞ p.120

　不動産を所有しているからといって、銀行は必ずしも安心してはいられません。たとえば、所有不動産に時価をはるかに上回って二重、三重にも抵当権が設定されていれば、担保価値がほとんどないからです。

　また、不動産を手放した場合に、迅速に換金できるかどうかも調べる必要があります。その不動産を売却すると営業を続けることができなくなるとか、第三者に貸しているために、すぐには売却できない不動産などもあり、その分、担保としての価値が低くなるからです。つまり、不動産を**どのような場所に、どのような形で所有しているか**を調査することが大切なのです。

　次に、**抵当権者（債権者）が誰である**かをみます。金融機関以外の個人や金融業者が抵当権者になっている場合は、その理由や原因を調査し、資金使途、資金繰り状況にも注意します。

　不動産登記簿には、その所有者の**財務面の危機兆候が敏感にあらわれます**から、信用調査の中でも所有不動産の調査は重要視されています。

📖 用語解説：抵当権と登記

　抵当権とは、特定の債権を担保することを目的とした担保権の一種で、融資債権の返済ができなくなったときに、抵当物件を換価処分して融資債権の回収に充当することができる権利のことです。

　抵当権の設定・変更・移転については、登記されていないと第三者に対抗（主張）することはできません。また、同一物件に2個以上の抵当権が設定された場合の抵当権の間の優先順位は、設定契約の順序ではなく、不動産登記簿に登記された順序に

よって決定されます。

④　代表者個人の不動産を調査する

　　法人の所有不動産がないとか、あってもすべて担保に入っていて、銀行にとって資産価値がないような場合でも、代表者個人が不動産を所有している場合があります。法律的には法人と個人は別ですが、中小企業の場合、実務的には**代表者に個人保証**してもらうことが多いので、個人の所有不動産も調査する必要があるわけです。

❸**不動産登記簿で権利関係を調査する**

　不動産登記簿は不動産の戸籍です。土地については地番ごとに、建物については家屋番号ごとに作られていて、その不動産の**過去の経歴と現在の権利関係**が記載されています（なお、地番は土地の所在地を特定するために登記所が定めた番号で、郵便などの宛先を表す住居表示とは違うので、注意が必要です）。不動産登記簿の登記事項証明書によって担保不動産の現況調査をすることは、融資業務を行ううえで重要なことです。

　登記事項証明書のチェックポイントは、次のとおりです。

①　表題部を確認する

　　お客さまが持参した登記済証（権利証）や登記識別情報通知に記載されている不動産の所在、登記名義人等と、登記事項証明書とを照合します。

📖 **用語解説：権利証（登記済証）と登記識別情報**

　　権利証（登記済証）とは、不動産の売買による所有権移転登記のように、不動産にかかわる登記をしたときに登記所（法務局）から交付されるもので、売渡証書（売買契約書）などの末尾の余白に「登記済」という朱色のハンコが押してあります。登記済証は、買主や申請人に登記が完了したことを知らせるとともに、後で、不動産を売却して所有権の移転登記を申請するときなどに必要となります。また、紛失してしまっても再発行を受けることはできません。なお、2005年の不動産登記法の改正により、登記済証にかわって、12桁の英数文字の組み合わせからなる「登記識別情報」が通知されるようになりました。

②　権利部（甲区）を確認する

　　登記済証（権利証）の名義人と登記事項証明書上の現在の所有者を照合確認します。自行の抵当権に優先する仮登記や、差押え、仮差押えなどがついている不動産は、担保として不適格なので、それらを抹消してもらわなければなりません。

仮登記☞手続上の要件が完備していない場合などに、将来の登記の順位を確保するために行う登記

③ 権利部（乙区）を確認する

　誰が抵当権、根抵当権を設定し、合計でいくら設定されているのか、担保余力はあるのかを概算してみます。担保不動産を任意処分する場合には、すべての抵当権者から抵当権の抹消登記用委任状をもらわなければならないので、すべての抵当権者を調べてその実態を確認しておく必要があります。

用語解説：差押えと仮差押え

　債務者が債務の履行をしない場合、債権者は裁判所に申立てをし、国の権力によって債務の履行を強制することができます。この履行強制の手続が強制執行であり、これを「差押え」といいます。預金の差押えは、裁判所が発する差押命令が第三債務者である銀行に送達された時点で効力が生じ、銀行はその預金の支払いを禁止され、債務者である預金者は預金の払戻しを禁じられます。

　「仮差押え」とは、差押えの手続に至るまでには時間がかかるので、その間に預金を払い戻したり、あるいは資産を隠匿したりして、債権者の差押えを免れる動きを見せている場合に、仮に差押えを認めようとする制度のことをいいます。第三債務者である銀行が払戻しに応じないよう、地方裁判所または簡易裁判所に対して申し立てます。

　この「差押え」または「仮差押え」が不動産に対してなされると、登記事項証明書の権利部（甲区）にその旨が記録されることとなります。

9　その他の資産を調べる

❶機械設備を調査する

　業種によって、機械やその他、会社で所有している設備の程度は異なりますが、大企業に比べて中小企業は従業員の労働力に頼っている場合が多く、従業員1人当たりの機械設備額は比較的低いようです。

　会社の資産である機械などの設備の状況は、次のような点に注意して調査します。

> 機械設備の状況を見れば、その企業の経営状態がわかります

- 生産に必要な設備投資はされているか
- 機械設備が老朽化していないか
- 機械設備が多すぎて稼働していない機械はないか
- 稼働率の悪い設備があるため手待ち状態になっていないか
- 計画どおりの生産実績があがっているか
- 新鋭機械設備がある場合、その稼働状況はどうか

> ● 機械設備のレイアウトに無駄はないか

　融資担当者が、取引先の経営者や担当者から機械設備の説明を受ける場合には、機械の複雑な操作方法やシステムの説明を受けるのではなく、その機械がどれくらい業績に貢献しているかを、次のような点に絞って聴き出すことが大切です。

> ● なぜこの機械が必要なのか（生産手段としてどの程度有効なのか）
> ● 機械の能力はどの程度なのか
> ●「買い取り」なのか「リース」なのか
> ● 購入価格やリース料は
> ● 償却のペースや財務面への影響度合いは
> ● 耐用年数は

❷ リース利用のメリット

　設備を「購入する」ことではなく「使用する」ことが設備投資の本来の目的であることに着目し、新たな設備調達手段として米国で誕生したのがリース（lease）です（米国では、住宅やオフィスの賃貸借を「リース」といい、それと区別するため、金融の手段として利用されるリースについては「ファイナンス・リース」と呼ばれています）。通常の賃貸借契約やレンタル契約と大きく異なる点は、賃貸借やレンタルが、賃貸人がもともと保有している土地や建物、あるいは特定の商品を取引の対象としているのに対して、ファイナンス・リースは、ユーザー（賃借人）が選択・決定した物件を**リース会社**（賃貸人）がユーザー指定の**サプライヤー**（販売会社）から取得して、それを契約の対象としていることです。リース物件の代金は、リース開始時に、リース会社からサプライヤーに全額支払われ、リース会社は、リース期間中に、物件代金と取引に要した諸費用のおおむね全部をユーザーが支払うリース料から回収します。

　リース利用のメリットは、次のとおりです。

① 　**資金の効率的運用**ができる

　　　毎月のリース料は少額ですむので、購入の場合のように、一時に多額の資金を必要としない。手元に運転資金を残すことができ、資金効率を高める。

② 　リース料は**経費**として処理できる

③　**コストの把握**が簡単になる

　　リース料の支払いは通常、毎月一定金額なので、資金計画が立てやすく原価が明確になる。

④　**技術革新**の波を乗り越えられる

　　リース期間は法定耐用年数より短くすることができるので、常に最新の設備で企業活動ができる。

⑤　**事務の効率化**を促進する

　　購入に伴う資金調達や事務処理はすべてリース会社が行うので、事務負担が軽減される。

10 工場や店舗を調査する

　工場や店舗の立地条件は企業発展の大きな要素です。たとえば、商店にとっては、店舗が人通りの多い商店街にあるか裏通りにあるかによって、顧客の吸引力はまったく異なります。

　また、最近は騒音や公害問題が厳しく、住宅地域に工場があったりすると、工場自体の存続問題にも発展するおそれがありますので、立地条件も重要な調査ポイントとなります。

工場や店舗の立地条件は企業発展の大きな要素

工場	①	付近の環境（工場地帯か住宅地帯か）
	②	取引先に近いか（輸送コスト）
	③	従業員の通勤の便（交通事情）
店舗	①	人の通行量の多いところか
	②	周辺、背後に住宅地の多いところか
	③	交通機関の便利なところか
	④	人の集まる施設の多いところか
	⑤	競合店の数は多いか
	⑥	土地や店舗の形状はよいか
	⑦	スーパー等の大型店舗はあるか

　商店の店舗立地については、同じ商圏内でも、人の流れや道路事情、店舗の広さ、扱う商品などによって大きな影響を受けますので、注意深く**実地観察**する必要があります。

　工場内部や事務所内部の状況調査では、まず、内部へ入ったときの**第一印象**が大切です。とくに、事務所内が何となく変な雰囲気であったり、工場内部が

雑然としている場合は要注意です。これは、従業員の就業態度やそこに働く人々の作業意欲の表れとみてよいでしょう。

　工場などの場合、**安全対策**の状況も調査する必要があります。とくに、事故発生の可能性があるものについては、事故防止のための設備を有しているかどうかをチェックし、従業員が危険を感じずに安心して働ける職場が理想でしょう。この場合の具体的なチェックポイントは、次のような点です。

> ● 防災設備対策　　● 照明の良否
> ● 採光設備　　　　● 空調設備
> ● 温度や湿度の良否　● 防臭、防塵対策

11 主要取扱商品（製品）・在庫品を調査する

　企業が発展するか否かは、その企業にとって**主力の商品**（製造業では製品）の**市場性、収益性**によって決まります。

　商品が現代の消費嗜好や生活様式にマッチして、売行きが順調であるかどうかは、その商品を取り扱う企業にとっても重大なことです。商品に市場性があるということは、消費者の意向を十分尊重して、消費者の欲するものを生産し販売しているということになるでしょう。

　したがって、融資申込みのあった企業の主要商品を調査することは、物的調査の中でも大切な項目といえます。

　調査にあたっては、品目や取扱数量をつかむだけでなく、その**商品の特質、市場性の強弱**をつかむことが大切です。

　また、商品の流れを調整するのは在庫品です。その**在庫量が適正であるかどうか**は、その企業の収益にも大きくかかわることですから、その適正度もチェックします。その際には、倉庫の中が在庫品の種類ごとに整然とかつ量的にもすぐ把握できるようになっているか、あるいは不良在庫、流行遅れ品などがたくさんあり、倉庫が雑然としていないか、などの点から**在庫管理の良し悪し**も判断します。

> 在庫のチェックポイント
>
> ① 通常の受注に応じられるだけの在庫があるか

主力商品の市場性・収益性は企業の将来を決める重要な要素

在庫管理の良し悪しは企業の収益を決定づける

② 不良在庫を多く抱えていないか

③ 倉庫料、商品保険料は適正な額か

④ 過剰在庫になっていないか

過剰在庫のデメリット

① 金利、保管料、取扱費がかさむ

② 商品が流行遅れになる

③ 資金が固定化する

---

12 主力販売先・仕入先を調査する

　主力販売先はその企業の業績や成長に大きく影響するものです。売掛金や手形支払いが商慣習である現代では、販売先にたえず大きな信用を与えていなくては商売ができないといっても過言ではありません。そのため、販売先が優良企業かそうでないかによって、調査対象企業の資金繰りにも直接影響することになります。

仕入や販売は、企業の業績や成長に大きく影響

販売先の調査ポイント

① 主力販売先の数とその信用度、取引年数

② 主力販売先に対する平均月間販売高……販売総数の何パーセントを占めているのか

③ 販売条件……売掛期間、回収条件（現金・振込と手形の比率）、手形サイト（手形の振出日から支払期日までの期間）

　仕入先に対しても、販売先と同様の調査をします。

　仕入先は安定していて、いつでも企業が必要とするときに、良質のものを速く安く仕入れることができなければなりません。その要請に応じられるような主力仕入先を企業が確保しているかどうかによって、業績も左右されます。

　たとえば、製造業の場合、原材料や部品などを中小企業から仕入れることが多く、安定した良質なものを提供してくれる仕入先を持つべきで、仮に不安定な企業であったら、品質管理などの面で大きな影響を受けてしまいます。

　このほか、仕入条件は販売条件とバランスがとれているかどうかのチェック

も必要でしょう。

仕入先の調査ポイント

① 主力仕入先の数とその安定度、取引年数

② 主力仕入先からの平均月間仕入高

③ 仕入条件……買掛期間、支払条件（現金と手形の比率）、手形サイト

---

13 他金融機関との取引状況を調査する

　その企業が取引をしている金融機関別に、その取引内容を調査することも必要な項目の一つです。これによって、当行と他行との取引内容を比較したり、その企業の**借入余力**がどの程度あるのかを判断します。

　調査する手段としては、まず、「**金融機関取引状況表**」の作成をお客さまに依頼します。金融機関取引状況表から、金融機関別に割引手形残高・割引枠、短期借入金・長期借入金残高、定期性預金・流動性預金残高を把握し、毎月の返済金や積立金、さらには所有不動産の担保設定状況などを調査することによって、各金融機関と限度一杯の取引をしているのか、それともある程度余裕を持って取引しているのかがわかります。

金融機関取引状況表で他行の取引状況を読み取ることも重要

❶手形の信用を調査する

　手形割引の申込みがあったときには、その**手形の信用度**を調査する必要があります。手形のチェック項目については前述しましたが、大切なことですので再録しておきます。

手形の信用調査
☞ p.43

手形のチェック項目

① 手形の支払人は販売先と一致しているか

② 手形の金額、サイトは販売数量、単価、条件に照らして妥当か

③ 手形の支払人と割引依頼人の規模からみて不自然さはないか

　この調査により、融通手形（商取引の裏付けのない手形）あるいは偽造手形を見抜くことも可能となります。

　元来、商業手形は健全な商取引が裏付けとして存在し、その代金等の支払いのために振り出され、支払期日に決済されるものです。

　たとえば、商取引に関係なく、単に資金の融通を受ける目的でＡとＢが交互

手形の振出人と割引依頼人の商取引が不自然な場合は、融通手形の疑いも

に手形を振り出し、銀行で割引を受けるような手形（**融通手形**）には、特段の注意を払わなければなりません。このような融通手形を割り引くと、期日に決済されないおそれがありますので、割引実行前の手形調査では、手形の成因をよく調査することが重要で、その必要性もここにあるのです。

📖 用語解説：融通手形

　融通手形は、略して「融手」ともいわれ、商取引の裏づけがなく、資金繰りに困ったときなどに融通してもらう相手に依頼して、振り出してもらう手形のことです。その手形を銀行、あるいは金融業者などに割り引いてもらい、お金に換えて資金繰りなどに充てる手段です。

　振り出した相手が資金を用意し、支払期日に手形が決済されれば問題は起きませんが、決済されなければ不渡りになることも十分考えられ、両者の間と金融機関との間で、当然トラブルにもなる可能性を含んでいるわけです。

　融手は、一般的に資金難や経営難の企業同士が、資金捻出のために、手形をお互いに振り出し合い、やがては、倒産の危険性があるものとして警戒されています。

❷信用照会による方法

　手形の信用調査には、支払金融機関に対して文書や電話で調査する方法（**信用照会**）をとります。この調査は、文書の場合なら、調査回答が返信されてくるまで日数がかかりますが、電話の場合はすぐに回答が得られますので、電話を効果的に活用するとよいでしょう。

信用照会☞ p.108

　また、支払金融機関だけでなく興信所からも定期的に主要企業の信用録が出されていますので、これによる調査もしなければなりません。

電話による信用照会の主な調査事項	
① 当該手形の決済見込み	② 取引開始年月
③ 過去の取引振り	④ 取引内容（預金取引、融資取引の内容）
⑤ 業　種	⑥ 創業年度
⑦ 資本金（または正味資産）・月商	⑧ 主な仕入先・販売先
⑨ 営業状態	⑩ 過去における手形事故の有無

　文書による信用照会のために、金融機関で制定された用紙があります。これに必要事項を記入し、返信用の封筒（必ず切手を添付しておくこと）とともに支払銀行へ郵送します。

　割引依頼手形は、その信用度が一番大切です。受付時に新銘柄の手形があっ

割引依頼手形の中に新しい銘柄の手形があったときは、その場でチェック

た場合、**その場で確実にチェック**しなければなりません。実行日を迎えてから
はじめて手形の信用度を調査し、信用度が低いから取引先に返却するというこ
とはできないからです。

　たとえば、既融資先から割引を依頼された手形の中に、これまで扱ったこと
のない企業の振出した手形（新銘柄手形）などについて割引依頼があったとき
は、次のような点に留意する必要があります。

新銘柄手形の受付時のチェックポイント

①　新銘柄手形の**入手経路**をつかむ。既取引先からの裏書譲渡によるものか、新
　規販売先かを確認する。

②　新規に開拓された販売先の場合は、今後の毎月の販売額と手形回収額、手形
　サイトを確認し、**受取手形の総額を推定**する。

③　支払銀行への**信用照会**を行う。割引実行日までの日数により、電話照会また
　は文書照会を行い、手形の信用度を調査する。

④　その他、興信所の信用録などにより**信用度のチェック**を行うとともに、信用度
　によっては割引ができないこともあり得る旨を、確実に取引先に伝えておく。

6.　お金の流れをみる――財務分析の基本

どれも大切なことばかりです

　これまで、ヒト（人的調査）、モノ（物的調査）の面を通して、企業の実態
を把握する手法を学んできました。次に、損益計算書や貸借対照表など、決算
書（財務諸表）の数字を分析し、検討することから**企業の内容を判断する計数
調査――財務分析**を学ぶことにしましょう。

財務分析は企業の実態把握の基本

　財務分析は、企業の内容を調査する方法の中でも、もっとも客観的にとらえ
ることができる方法で、基本的で重要なものといえます。

　銀行はどのような目的で財務分析を行うかというと、簡単にいえば、融資し
た資金が安全確実に返済されるかどうかを見極めるためです。つまり、財務分
析を通じて企業の**財務面の実態と問題点を把握**し、融資の対象先として適切で
あるかどうか、また、融資の申込金額と要資事情、返済能力などの妥当性を判
断するためのものなのです。

① 決算書から何を読みとるのか

　融資の申込みがあった時点で、融資担当者として決算書の計数分析から何を読みとるのか、そのポイントをあげてみましょう。

---

① **利益をあげているかどうか……収益性の分析**
- 売上高の現状はどうか
- 生産効率、販売効率はどうか
- 経費の使い方はどうか

② **経営は堅実であるかどうか……安全性（安定性・流動性）の分析**
- 資産勘定の内容はどうか
- 負債・純資産勘定の内容はどうか
- 負債と純資産のバランスはとれているか
- 資本の調達・資金繰りの状況はどうか

③ **経営は効率的であるかどうか……効率性の分析**
- 商品の販売から売上代金の回収までの期間はどうか
- 在庫がどれだけの期間で売上として回収されるか
- 固定資産がどの程度有効に活用されているか
- 原材料を仕入れてから代金決済までの期間はどうか

④ **企業の発展性はどうか……成長性の分析**
- 業績の伸びぐあいはどうか
- 取扱商品の成長性はどうか
- 産業構造の将来との関係はどうか

　とくに最近では、銀行における財務分析でも、収益性や安全性・効率性ばかりでなく、成長性も重視するようになりました。成長力のある優良企業を取引先として多くかかえることが、将来、銀行自身の発展にもつながるからです。

② 財務分析をするための資料にはどのようなものがあるか

　これまで説明したとおり、財務分析は信用調査に欠くことのできない調査方法といえますが、財務分析をするために必要な資料にはどんなものがあるか確認してみましょう。

　株式会社は、会社法により計算書類（決算書）を作成する必要があります。会社法では、貸借対照表、損益計算書、株主資本等変動計算書（株式会社の純

資産が1年間にどれだけ変動したかを示す財務報告書）および個別注記表の4つが計算書類として定められており、これに加えて事業報告や附属明細書の作成が義務づけられています（このほか上場企業には、金融商品取引法でキャッシュ・フロー計算書の作成も義務付けられています）。

このほか、合計残高試算表、資金繰り表、製造業で当期に販売した製品の製造原価を明らかにするための製造原価報告書などがあります。

企業はどんな目的でこれらの資料を作成するのかというと、その企業の株主や従業員をはじめとした企業をとりまく利害関係者に、財務情報を正確に伝達するためです。

なお、分析に用いるこれらの決算書は、企業が申告のために税務署に提出したものを使うようにします。決算書が正式なものかどうかは、税務署の「文書収受」印があるかどうかで確認できます。

もちろん、それでも粉飾による決算を行う企業もまったくないとはいいきれませんが、一応の基準としては適格とされるものです。

では、これらの資料のうち主なものについて、実際のフォームを見ながら、どのようなことが書かれている資料なのかを解説しましょう。

3　貸借対照表で企業の財政状態を確認する

貸借対照表とは、企業が一定期間（これを会計年度といい、通常半年とか1年です）の経営活動をした結果、ある**一定時点の企業の財政状態**がどうなっているのかを表したものです。

一定時点の企業の財政状態を表す

この貸借対照表には、記入のしかたによって勘定式と呼ばれるものと報告式とがあります。どちらも内容は一緒ですが、表示順が異なります。よく見受けられるのは、次のような**勘定式**によるものです。

勘定科目の並べ方にも、流動性配列法と固定性配列法という2つの方法がありますが、ほとんどが**流動性配列法**によるものです。流動性配列法というのは、資産については**資金化する度合いの早い（容易な）科目**、たとえば流動資産、固定資産という順序、負債については**返済期間の短い科目**から流動負債、固定負債という順序で配列する方法です。

勘定科目の並べ方については、企業の財政状態、とくに財務流動性をみる場合に便利なことと、これらの資料に関心を持っている利害関係者が多いことなどの理由から、企業会計原則で流動性配列法によると規定されています。

貸借対照表（様式例）

（○年○月○日現在）　　　　　　　　　　　　　（単位：千円）

	項　　目	金　額		項　　目	金　額
資産の部	Ⅰ　流動資産 　現金及び預金 　受取手形 　売掛金 　製品及び商品 　短期貸付金 　前払費用等 Ⅱ　固定資産 （有形固定資産） 　建物 　機械及び装置 　土地等 （無形固定資産） 　ソフトウェア 　のれん等 （投資その他の資産） 　関係会社株式 　投資有価証券等 Ⅲ　繰延資産 　創立費 　創業費等	○○○ ○○○ ○○○ ○○○ ○○○ ○○○ ○○○ ○○○ ○○○ ○○○ ○○○ ○○○ ○○○ ○○○ ○○○	負債の部	Ⅰ　流動負債 　支払手形 　買掛金 　短期借入金 　未払金等 Ⅱ　固定負債 　社債 　長期借入金等	○○○ ○○○ ○○○ ○○○ ○○○ ○○○
				負債合計	○○○
			純資産の部	Ⅰ　株主資本 　資本金 　資本剰余金 　利益剰余金 　自己株式 Ⅱ　評価・換算差額等 Ⅲ　新株予約権	○○○ ○○○ ○○○ ○○○
				純資産合計	○○○
資産合計		○○○	負債・純資産合計		○○○

資　産
（資金の運用状況）

負債＋純資産
（資金の調達方法）

必ず一致

4 貸借対照表には何が記載されているか

　貸借対照表は、企業の財政状態を二面的にとらえて表示しています。

① **貸方**（右側）……企業が資本をいかにして調達しているかを表示。すなわち、他人資本（借入金や買掛金などの負債のこと）と、自己資本（資本金や剰余金など）。

② **借方**（左側）……企業がその資本で、どのような資産を有し、どのように運用しているのかを表示。現金・預金、売掛金、製品、建物など。

　なお、総資本（資産の合計）＝他人資本（負債）＋自己資本（純資産）という式が成立し、貸借それぞれの合計額は一致しています。

流動資産のうち、現金・預金、受取手形、売掛金、流動負債の支払手形、買掛金、短期借入金、未払費用に注意

5 損益計算書で一定期間の経営成績を確認する

　損益計算書は、1会計期間（半年とか1年）の**企業の経営成績**を表示したもので、この期間に属するすべての収益と、その収益をあげるために使った費用とを、一定の基準にしたがって記載し、その差額として**純損益を計算**するものです。

一定期間の企業の経営成績を表す

　損益計算書にも、貸借対照表と同様、勘定式と報告式という2つの形式がありますが、一般的には報告式のほうが多く用いられています。というのも、報告式は、次のように収益と費用を区分して求めていく方式ですので、説明しやすくわかりやすいためです。

損益計算書（報告式）

自○年○月○日　至×年×月×日　（単位：千円）

項　　目	金　額	
売上高		○○○
売上原価		○○○
売上総利益		○○○
販売費及び一般管理費		○○○
営業利益		○○
営業外収益		
受取利息	○○○	
雑収入等	○○○	
営業外収益合計		○○
営業外費用		
支払利息	○○○	
雑支出等	○○○	
営業外費用合計		○○
経常利益		○○
特別利益		
固定資産売却益等	○○○	
特別利益合計		○○
特別損失		
固定資産売却損等	○○○	
特別損失合計		○○
税引前当期純利益		○○
法人税、住民税及び事業税		○○
当期純利益		○○

売上高から売上原価を差し引いた大枠での利益（粗利益）

主たる営業活動で稼いだ利益

経常的に発生する財務取引等も加味した利益

臨時的で特別な損益を加味したもので、法人税等控除前の利益

法人税等を控除した後の最終的な利益

① **売上高－売上原価＝売上総利益**（「粗利益(あらりえき)」ともいいます）

　　売上原価は、その売上高に対応する原価です。

② **売上総利益－販売費及び一般管理費＝営業利益**

　　販売費及び一般管理費（販管費）は、従業員の給与・旅費交通費・消耗品費など販売活動や管理等にかかる費用です。

③ **営業利益＋営業外収益－営業外費用＝経常利益**

　　営業外収益や営業外費用は、受取利息や支払利息、雑収入・雑支出など本来の営業活動以外による収益や費用です。

④ **経常利益＋特別利益－特別損失＝税引前当期純利益**

　　特別利益や特別損失は、本来の営業活動以外で臨時的に発生した収益や費用をいいます。

⑤ **税引前当期純利益－法人税等＝当期純利益**

　　法人税等は、利益に課税される法人税や住民税・事業税です。その差額の当期純利益は、企業の最終的な利益を示します。

6 最新の企業内容を知るための資金繰り表と合計残高試算表

　これまで解説してきた貸借対照表や損益計算書などの決算書は、あくまでも企業の**過去の数字**に基づいた記録ですから、作成時点から日が経てば経つほど、現実の企業の内容とはかけ離れたものになってしまい、正確な判断ができない可能性があります。

　そこで、企業のその後の変化をつかむにはどのようにしたらよいかというと、「**資金繰り表**」と「**合計残高試算表**」の2つをチェックするという方法があります。

資金繰り表と合計残高試算表をチェック

❶資金繰り分析

　「**資金繰り表**」は、企業における月々の現金収入と現金支出を見積り計上し、将来の資金の状況を把握するための表です。

　資金繰り分析は、信用調査項目の中でも大きなウエイトを占めています。

毎月の資金繰り表で、融資先の経営状態を把握

　なぜなら、企業における資金繰りは、人間の命が血液の循環によって支えられているのと同じ働きをしているからです。

　企業は、**収支のバランス**がとれているか、また、その**収支のタイミング**があっているかという観点から資金繰り表を作成しています。つまり、将来の一定期間における企業の現金資金の収入および支出を予定して、現金資金の不足が予測される場合にはその調達を、また、その余剰が予測される場合にはその運

資金繰り表（月次）の例

	4月	5月	6月	7月
前月繰越				
経常収支				
経常収入				
現金売上				
売掛金回収				
手形期日入金				
雑収入				
経常支出				
買掛金支払				
手形期日決済				
人件費				
諸経費				
支払利息				
経常外収支				
経常外収入				
固定資産売却				
借入金調達				
経常外支出				
固定資産購入				
借入金返済				
収支過不足				
次月繰越				

用を、あらかじめ計画するのに利用しています

　この資金繰り表は会社を経営していくうえで、資金不足に陥らないようにするための重要な計画表なのです。必要に応じて、日ごとや月ごとに作成する必要がありますが、万が一、資金繰り表から資金不足になることが予測されれば、それに対応するため事前に手を打つことができます。

　「損益計算書で利益が出ているから大丈夫」ということはありません。利益が出ていても売上代金の回収が遅れ、先行で仕入代金の支払いがあり、さらに利益数値とは関係のない借入金の返済が多くあったら、資金不足となる可能性が高まります。

❷資金繰り表と合計残高試算表のチェック

　企業の経営の変化は、まず資金繰りの変化として表れます。毎月の「資金繰り表」をチェックできれば、最新の経営内容が把握できるというわけです。

　「合計残高試算表」は、取引を勘定科目ごとに記録した総勘定元帳への仕訳や転記が正しく行われているかどうかを検証するために作成されるものです。

合計残高試算表の例

借方残高	借方合計	勘定科目	貸方合計	貸方残高
700	700	普通預金	—	
100	100	商　品	—	
—		買掛金	300	300
—		資本金	300	300
—		売　上	400	400
200	300	仕　入	100	
1,000	1,100		1,100	1,000

資産 → 700／100

負債 ← 300
純資産 ← 300
収益 ← 400
費用 ← 100

各勘定の借方合計と貸方合計を集計（合計試算表）

合計は一致

各勘定の借方残高と貸方残高を集計（残高試算表）

　正確な信用調査をするためには、融資先企業の「資金繰り表」を毎月取り寄せ、ときどき「合計残高試算表」を提出してもらって２つの資料を照合することが大切です。これによって決算書の作成時点における計数分析と企業の現実の内容との日時のズレが解消されるでしょう。

7. 財務分析の手法にはどのようなものがあるか

　財務分析とは、企業が一定期間に活動した結果である損益の発生と財政状態の動きをまとめた貸借対照表や損益計算書などから企業の経営状態を把握し、そこから前年度と比べてどうか、同業他社（業界平均）と比べてどうかを比較して、収益性や安全性（安定性・流動性）、成長性を検討することです。
　実際にどのような数字や比率を使って判断するのか、まず一番重要となる収益性を分析する主な比率から紹介しましょう。

1 収益性を分析する比率

　「収益性を分析する」とは、企業がどのくらいの**利益をあげる力**があるかをみることです。そのための比率には、次のようなものがあります。

各比率の意味をよく
理解しておきましょ
う

❶総資本対経常利益率（％）

$$算　式……\frac{経常利益}{総　資　本}×100$$

比率の意味…企業に投下運用されている総資本が年間どれだけの利益をあげ
　　　　　　たかを示す比率で企業全体の収益を表す

判　　　断……高いほど良い

❷総資本回転率（回）

$$算　式……\frac{売　上　高}{総　資　本}×100$$

比率の意味…売上高に対する投下資本の回転速度や効率を示す比率で、回転
　　　　　　が速いほど企業の収益性は高い

判　　　断……高いほど良い

❸売上高対営業利益（経常利益）率（％）

$$算　式……\frac{営業利益（経常利益）}{売　上　高}×100$$

比率の意味…売上高営業利益率は事業活動から生じた利益の売上高に対する
　　　　　　割合を、売上高経常利益率は財務活動なども含めた企業の事業
　　　　　　活動全体における利益率を表す

判　　　断……高いほど良い

❹売上高対総利益率（％）

$$算　式……\frac{売上総利益}{売　上　高}×100$$

比率の意味…総利益率、粗利益率ともよばれ商品または製品の収益率を示す
　　　　　　比率で、企業の収益性を判断するときには重要な基本的比率

判　　　断……高いほど良い

なお、総資本対経常利益率は次のように分解されます。

$$\frac{経常利益}{総　資　本}×100＝\frac{売　上　高}{総　資　本}×\frac{経常利益}{売　上　高}×100$$

　　総資本経常利益率＝総資本回転率×売上高対経常利益率

経常利益には、年間の金融費用（たとえば支払利息、割引料、社債利息等）
を含めて考える場合もあります。これは、一般の利子率と容易に比較できるた
めで、この比率が一般利子率よりも低い場合には、預金として預けておいたほ

うが得であることを意味します。

2 安定性を分析する比率

　企業の**財産構成**や**資本構成の妥当性を検討**して、その企業に安定性があるかどうかを検討します。そのための比率には次のようなものがあります。

❶総資本対自己資本比率（％）

　総資本のうち、他人資本には返済期限があり、利息も支払わなければならず、企業資本として制約がありますが、自己資本は返済期限がなく、配当の支払いも業績に応じて増減できるので、使用については制約がありません。

　したがって、**自己資本が多いほど資本が充実**していて、企業経営は安定しているといえます。

$$算　式……\frac{自己資本}{総資本} \times 100$$

比率の意味…企業の総資本のうちに占める自己調達の資本の割合で企業経営
　　　　　　の安定度を表す

判　　断……高いほど良い

❷固定比率（％）

　固定資産は長期間にわたって徐々に回収されるもので、財務の健全性の立場からみると、固定資産に投下された資金は、長期的で安定的な資金である自己資本でまかなわれることが望ましいという意味から、低いほど良いといえます。

$$算　式……\frac{固定資産}{自己資本} \times 100$$

比率の意味…固定資産が自己資本の範囲内でまかなわれているかどうかをみ
　　　　　　る比率で、企業の財務の安定性を示す

判　　断……低いほど良い

❸固定長期適合率（％）

　経営の安定性の面からすると、固定資産は自己資本の範囲内でまかなわれていることが求められるのですが、固定資産を多く必要とする業種ほど自己資本ではまかなえないケースが見受けられます。

　そのため、返済期間の長い長期借入金や社債などの固定負債を自己資本と同様に考えて、この2つの資金で固定資産をまかなっているようであれば、健全とみなすことができるという考え方から求められる比率です。

　この比率が100％を超えているということは、固定資産への投資を返済期間

の短い流動負債などで補っていることになり、それでは短期的な支払能力に影響を与えてしまい、これはけっして健全な状態とはいえないのです。

$$算　　式……\frac{固定資産}{自己資本＋固定負債}×100$$

比率の意味…固定負債を自己資本に準じて考え、固定資産が自己資本と固定負債でまかなわれているかどうかをみる比率

判　　断……100%以下で低いほど良い、100%超は要注意

3 流動性を分析する比率

負債の支払可能性を検討して、流動性はどうかを検討する必要があります。

❶流動比率（%）

この比率は、銀行が融資をする場合、支払能力判定のため、つまり安全性を確かめる意味でもっとも重視され、一般的に150%以上あることが望ましいとされています。しかしわが国の現状では、純資産が少なく、他人資本への依存度が高いため、150%以上ある企業は少ないでしょう。

$$算　　式……\frac{流動資産}{流動負債}×100$$

比率の意味…流動負債とこれを返済するのに必要な財源（流動資産）を比較する比率。支払能力を判断するもっとも基本的な比率で、また、流動資産にどういう資本を投下しているかを表す

判　　断……高いほど良い

❷当座比率（%）

流動資産の中身を分類すると、当座資産、棚卸資産（いわゆる在庫のことです）、その他の流動資産に分けられます。当座資産とは、現金や現金、受取手形、売掛金、一時保有目的の有価証券の合計です。流動資産のうち換金性の高い資産のことで、直接的な支払手段となります。それに対し、現金化するまでに時間がかかったり、費用の前払い的な性格のものである棚卸資産やその他の資産は、流動資産から除いて、当座資産と流動負債の割合で判断したほうが、支払能力をより厳密に知ることができるわけです。

ですから、流動比率が高くても当座比率が低ければ流動負債に対して十分な返済資金が準備されていない状態であることを意味し、支払能力はけっして高いとはいえません。一般的には100%以上あることが望ましいのですが、日本の企業の場合には低率を示しています。

$$算\quad 式\cdots\cdots\frac{当座資産}{流動負債}\times100$$

比率の意味…当座資産と流動負債の割合をみる比率で流動比率の補助比率と
して、短期の支払能力を判断する比率

判　　　断……高いほど良い（ただし、当座比率が高い場合でも、資産を効率
的に活用できていない可能性があるので注意が必要です）

参考：中小企業に必要とされる比率

自己資本比率	……　30％程度	流動比率	……150％程度
固定比率	……150％程度	当座比率	……100％程度
固定長期適合率	……　75％程度	※業種によって異なります。	

---

4 効率性を分析する指標

❶売上債権回転期間（月）

$$算\quad 式\cdots\cdots\frac{売上債権}{月平均売上高}$$

＊売上債権＝受取手形＋売掛金＋割引手形＋裏書譲渡手形

＊月平均売上高＝売上高÷12

指標の意味…製品や商品を販売してから、売上代金を回収するまでにどれく
らいの期間がかかるかをみる

判　　　断……短いほど良い。業界水準やビジネスモデルからみて長いと判断
される場合には、売上債権の回収管理が甘かったり、回収が困
難になった不良債権が発生していたりしている可能性がある

❷棚卸資産回転期間（月）

$$算\quad 式\cdots\cdots\frac{棚卸資産}{月平均売上高}$$

指標の意味…在庫や原材料など棚卸資産に投下されている資本が、どれだけの
期間で売上として回収されるかを示す

判　　　断……一般的には短いほど良いと考えられているが、手持ちの棚卸資産
が少な過ぎると生産活動に支障をきたしたり、販売機会を逃した
りするので、適正な在庫水準を維持する必要がある

❸固定資産回転率（回）

$$算　　式……\frac{売 上 高}{固定資産}$$

比率の意味…不動産や機械・器具などの固定資産が、どの程度有効に活用され
　　　　　　　ているかを示す

判　　　断……高いほど良い

❹仕入債務回転期間（月）

$$算　　式……\frac{仕入債務}{月平均仕入高}$$

＊仕入債務＝支払手形＋買掛金

指標の意味…原材料や商品を仕入れてから代金決済までにどのくらいの期間か
　　　　　　　かっているのかを示す

判　　　断……短いほど良い。回転期間が短いと資金繰りへの負担が重くなる
　　　　　　　が、支払期間が長い場合よりも仕入代金が安くなることが多いの
　　　　　　　で、仕入コストを低減させることができる

5　成長性を分析する比率

　安全性があったとしても、企業に今後の成長性がなくては、長期的にみた場合に安全性があるとはいえなくなります。つまり、現状維持だけでは、他社が成長すれば相対的に後退してしまうことになり、これまでは安全性のある経営であっても、外的な影響により不安定なものに追い込まれる可能性があるわけです。そういう意味からも、企業の成長性を知ることが重要なのです。

❶売上高増加率（％）

　売上の増加には、製品単価の値上げによるものと、販売数量の増加によるものがあります。製品単価の値上げによる増加だけでは、その企業に成長があったとはいえませんので注意が必要です。

$$算　　式……\frac{当期売上高－前期売上高}{前期売上高}×100$$

比率の意味…前期と比較して売上高がどれだけ増加したかをみる比率で、企
　　　　　　　業の成長度合いを示す

判　　　断……高いほど良い

❷経常利益増加率（％）

　売上は利益の源泉ですが、売上の増加が即利益の増加に結びつくとは限りま

せん。企業が成長していくということは、当然純資産の増加を伴いますが、それには増資と利益の内部留保によらなければなりません。

そのため、経常利益が伸びているかどうかを検討する必要があるわけです。

$$算\quad式……\frac{当期経常利益-前期経常利益}{前期経常利益}\times100$$

比率の意味…前期と比較して経常利益がどれだけ増加したかをみる比率で、
　　　　　　企業の成長度合いを示す

判　　断……高いほど良い

6 損益分岐点分析による財務分析のポイント

企業からみて、損益分岐点を分析するということは、たんに企業の採算性を知るためだけではありません。企業の利害関係者にとっては、この分析によって将来の採算性を予測する手段となり、また経営者にとってみれば、企業の利益計画を作成することができます。

また、銀行が企業の収益性の分析をするにあたっては、関係比率分析だけでなく、損益分岐点分析をあわせて行うことにより、より完全なものとなります。

❶損益分岐点分析法とは

企業にとって、**損失と利益との分岐点――損益分岐点**となる売上高や生産量を使って、その企業の収益性について検討する方法を、**損益分岐点分析法**といいます。この方法は、売上高が損益分岐点を超えると利益が生じ、反対に売上高が損益分岐点を下回ると損失が生じるということになります。

また、この損益分岐点は、企業の収益性を検討するだけでなく、**目標管理を行う**場合などにも用いられます。

たとえば、目標の利益をあげるためにはどれだけの売上高が必要であるのか、逆に、費用はどれだけ節約しなければならないのか、あるいはまた、一定の売上高のときにいくらの利益が出るのかなど、企業の採算性を検討する場合にも利用されます。

❷損益分岐点売上高は何を表している数字なのか

ここで、損益分岐点売上高の考え方を説明しましょう。

企業の損失は、企業の収益と費用の関係から生まれますが、この費用の中には、売上高と関係なく常に必要となる費用（**固定費**）と、売上高に比例して増えたり減ったりする費用（**変動費**）があります。固定費とは、人件費や地代・家賃、減価償却費など、売上によって変動はしない固定的な費用のことで、それ

に対して変動費は、売上原価や運送費、包装費などのような費用をいいます。

　売上高から、売上原価などのような売上に比例して増減する変動費と、人件費などの固定費を差し引いた損益がゼロとなる売上高、つまり収益と費用の額が等しくなる売上高を**損益分岐点売上高**といい、算式で表すと次のようになります。

$$損益分岐点売上高 = \frac{固定費}{1 - \dfrac{変動費}{売上高}} = \frac{固定費}{1 - 変動費率}$$

　このほかに、現在の**売上高と損益分岐点売上高の関係**を示したものに、「損益分岐点比率」があります。

　損益分岐点比率は、現在の売上高と損益分岐点売上高の関係を示したもので、売上高が少し低下するとすぐに損失を出したり、慢性的な赤字に陥ったりするような不安定な状態にあるかどうかを検討する比率です。

　この比率は**低いほど良く**、この数値が90％以上の企業は経営体質が不安定とみてよいでしょう。

$$損益分岐点比率（\%） = \frac{損益分岐点売上高}{現在の売上高} \times 100$$

8. 目利き力と事業性評価

1 地域経済の活性化に不可欠の目利き力

　低迷を続ける日本経済の再生には、地方経済の活性化が欠かせません。それには、地域金融機関が地元企業の財務体質や担保・保証といった安全性ばかりにとらわれず、有望な事業やアイデアにお金や知恵を積極的に提供することが不可欠です。地域金融機関と地方経済双方の未来を切り開くのに必要となるのが**目利き力**です。

　目利き力とは、数字に表せない要素を含めた総合的な観点から企業や事業の将来性を見抜く能力で、融資先の強みと課題を見極めて、成長のために何が必要なのか、金融機関が一緒になって考え実践していくことです。

　財務内容が今ひとつでも、経営者の熱意や知的財産を高く評価して融資に踏

み切るケースがあります。そして、目利き力を発揮し、他の金融機関が融資に二の足を踏むような企業を支援して経営改善を実現することができれば、融資が可能になることもあります。

② 事業性評価に基づく融資の重要性

従来、金融機関は、融資の申込みを受け付けた際に財務情報と担保・保証の有無をもとに判断しがちでした。ところがそうした考えをあまりに重視しすぎると、成長力はあるが今は財務内容がよくない企業、将来に向かって有望な事業計画はあるものの担保・保証がない企業の融資に対して消極的になってしまいます。

地域金融機関には、地域経済の活性化を図るために、財務データや担保・保証に必要以上に依存することなく、借り手企業の事業の内容や成長可能性などを適切に評価し（事業性評価）、融資や助言を行い、企業や産業の成長を支援していくことが求められています。融資担当者としても、担保・保証に依存しない企業の事業性評価に基づく融資や、コンサルティング機能の発揮による企業の経営改善・生産性向上等の支援に積極的に取り組んでいく必要があります。

9. 守秘義務

どれも大切なことばかりです

守秘義務は、銀行業務のあらゆる側面で求められる義務です

融資の受付にあたっては、お客さまと融資の話を中心に世間話から業界の話など、いろいろな話題が出ます。その中には、他の企業のプライバシーなどの話も出るかと思います。

しかし、金融機関の役職員は、取引により知り得た**お客さまの秘密を第三者に漏らしてはならない義務**つまり、**守秘義務**を負っています。この守秘義務は取引中のみでなく、取引以前の予備折衝段階においても、また取引終了後においても負うことになります。そこで、銀行における守秘義務について考えてみましょう。

① 守秘義務とは

金融機関の役職員は、お客さまとの取引によってお客さまの資産内容やプライバシーなど、いろいろな事実を知りうる立場にあります。お客さまは銀行を

信頼して取引しているわけですから、これらの事実を**正当な理由なく第三者に漏らしてはならない**という法的義務を負っているのです。

これが守秘義務（秘密保持義務）といわれるものです。

したがって、金融機関の役職員が正当な理由なくお客さまの秘密を第三者に漏らした場合には、守秘義務違反として、債務不履行に基づく損害賠償責任や、不法行為による民事上の損害賠償責任を負うことになるおそれがあります。

ただし、次のような場合は、通常、守秘義務違反に問われることはないと考えられます。

① **お客さまの承諾**がある場合

② **法令の規定**による場合

③ 手形・小切手の信用照会等、**金融機関の営業上必要な場合**

上記②の法令の規定による場合とは、犯罪収益移転防止法に基づく疑わしい取引の届出、行政機関による開示請求等（刑事事件による捜査関係事項の照会、税務署の質問検査、家庭裁判所調査官からの依頼）、弁護士法に基づく弁護士会からの照会などをいいます。

2 個人情報の保護

金融業務は、日常業務でお客さまの大切な個人情報を数多く扱っています。預金口座を開設する際には、氏名、住所、電話番号、生年月日などをお客さまから取得しますし、住宅ローンなどの融資をする場合は、家族構成、勤務先、収入状況、資産状況など多くの個人情報を取得します。

それだけに銀行の保有する個人情報が外部に流出した場合の影響は大きく、お客さまの信頼を失ってしまうばかりか、業務の存続すら危うくなります。お客さまの信頼に応えるためにも、個人情報の保護に関して厳正に対応する必要があります。

❶個人情報とは

個人情報とは、**生存する個人に関する情報**であって、氏名、生年月日などにより、その情報の本人が誰であるか特定の個人を識別できるものをいいます。生存する個人に関する情報であることから、死者に関する情報は原則として個人情報とはなりません（もっとも、死者に関する情報であっても、同時に相続人等の生存する個人に関する情報となる場合があります）。

次に、**特定の個人を識別できる情報**であることから、氏名のような代表的な個人情報のほか、たとえば営業店の防犯カメラの映像も個人情報となります。

これに対し、匿名化された情報や統計情報は、個人情報に該当しません。しかし、たとえば、健康状態や財産の状況など、それだけでは誰の情報かわからないものでも、個人の氏名などと一体となっていれば、個人情報となります。

また、指紋・掌紋などの生体情報を変換した符号や、マイナンバーなどの公的な番号のような特定の個人を識別できる文字、番号、記号等の符号（**個人識別符号**）も個人情報にあたります。

❷利用目的の特定

個人情報保護法は、お客さまの個人情報の取扱いにあたって、個人情報がどのような事業にどのような目的で利用されるかをできる限り特定することを求めています。

利用目的を具体的に示す

この点について、金融庁「金融分野における個人情報保護に関するガイドライン」（金融庁ガイドライン）は、金融機関が個人情報の利用目的を特定する際には、たとえば「与信判断・与信後の管理」など、提供する金融商品・サービスを**具体的**に示したうえで**特定**することが望ましいとしています。

❸利用目的に関する同意

個人情報保護法は、お客さまとの契約締結に伴って個人情報を取得する場合は、あらかじめ利用目的を**明示**しなければならないとしているだけですが、金融庁ガイドラインは、利用目的を明示する書面に確認欄を設けること等により、利用目的について**お客さまの同意**を得ることを求めています。

利用目的の明示とお客さまの同意

さらに、あらかじめお客さまの同意を得ないで、**利用目的の達成に必要な範囲**を超えて個人情報を取り扱ってはなりません。

3 信用照会制度とは

銀行の守秘義務の例外として認められているのが、銀行間の信用照会で、金融機関が不良取引先排除等、営業上の必要から相互に情報を交換し、判断の一助とする目的で行われるものです。

この制度は「回答結果に対してお互いに責任の追及をしない」ことを前提にしており、通例は回答後の事情の変化により回答が事実と異なったとしても、回答金融機関には法的・道義的いずれの責任もありません。

しかし、回答銀行が故意に誤った事実を回答し、相手銀行に損害を与えたような場合には、不法行為による損害賠償責任を問われるおそれがあります。実務上、繁忙時の電話照会などには注意が必要です。

10.　融資契約の成立、融資条件変更の申込み

1 融資の可否の連絡

重要

　お客さまから、よく「融資の可否」はなるべく早く連絡してほしいという要望があります。

　銀行が融資を行う場合、お客さまからの申込みを受け付けると、融資金額や期間、担保、貸出金利などを踏まえて、一定の審査を行ったうえで、その融資の可否を決定し、お客さまに回答することになります。

　それぞれの銀行によって違いはありますが、支店長権限内、本部担当部長または担当常務の権限内とか、役員会決議による決裁など、融資額に応じて決裁の権限が規定されています。たとえば、支店長権限を超える融資の場合には、その可否についての審査期間が通常よりやや長くなることになります。さらに融資の大口案件であれば、回答に1カ月以上を要する場合もあります。

　しかし、これはあくまでも銀行側の事情によるものです。お客さまとしては**「融資の可否は速やかに連絡してほしい」**という要望があることを理解してください。

結論は先延ばしせずに、速やかに連絡を

　なぜなら、資金繰りは企業の生命線ともいえ、資金の必要性があるのに申し込んだ銀行から融資してもらえないのであれば、別の手段（たとえば他行からの借入）を早急に講じなければならないからです。

　中小企業に対する融資の場合には、そのほとんどの案件が支店長権限内でしょうから、できるだけ速やかに審査し、その可否を連絡することが望まれています。

　すでに述べたように、誤解から土壇場でその融資が不可となり、トラブルともなれば、場合によっては、訴訟に発展しないとも限りません。

　お客さまは1日でも早い融資の可否の回答を待っているはずです。

　もちろん、受け付けた申込みが、すべて適正なものと判断されるわけではありません。役席者との協議の結果、この段階で否決される案件や、連絡した融資条件の内容によっては申込人のほうから断ってくる場合もあります。

　受付を謝絶した案件については、その**理由**をはっきり説明して、できるだけ早く申込人に連絡することも、受付後の大切な仕事です。

2 融資契約の成立と融資義務 重要

　第2章の冒頭でのべたように、融資契約は、当事者の一方が種類、品質および数量の同じ物をもって返還をすることを約し、相手方から金銭その他の物を受け取ることによって、その効力を生ずる消費貸借契約とされています（民法587条）。この条文により、融資契約は要物契約とされ、合意（諾成契約）だけでなく、金銭の授受によってはじめて成立すると解されてきました。

　しかし、銀行がお客さまに対し融資を約束し、または融資する姿勢をお客さまに強く印象づけながら、後日、消費貸借契約が未だ成立していないことを理由に融資を拒絶することができるのでは、確実に融資を受けたい借主にとって不都合があり、それが理由でトラブルとなるおそれもあることから、判例は、当事者間の合意のみで貸主に目的物を貸すことを義務づける契約（**諾成的消費貸借**）をすることができるという判断を示していました。

　しかし、金銭の授受なく当事者の合意のみで消費貸借契約が成立すると、貸主にいわゆる「貸す義務」が発生することになるため、貸主は、安易な口約束に拘束されることになりかねません。そこで2020年4月1日から施行された改正民法は、軽率な契約の成立を防ぐため、諾成的消費貸借は、**書面による合意**がある場合に限ってその成立を認めることとしました（同法587条の2）。

　また、融資契約の成立過程において、どの段階になると銀行は融資の拒絶ができなくなるのか、つまり融資義務がいつ生ずるのかについても、トラブルが発生しています。

　融資の申込み、融資条件についての折衝、必要書類の確認、調査、稟議、契約書作成、担保の差し入れなど、融資の実行までにはいろいろな過程がありますが、その時々で、どのような対応をとると銀行が責任を負うのかについて、具体的な判例もみられるようになってきています。

　ですから、登記事項証明書や会社案内、会社業歴書、財務諸表などをお客さまから預かる場合にも、銀行側の言動によって融資を承諾したと受けとられないよう、慎重に対応する必要があります。

　つまり、銀行が融資申込みを拒絶したときに、その申込人から債務不履行、信義則違反を理由として損害賠償を請求されることのないよう注意すべきです。

📖 用語解説：信義則
　　民法の基本原則で、「信義誠実の原則」ともいいます（1条2項）。権利を行使したり義務を果たさなければならない場合は、相手の信頼を裏切らないように、誠実に行

わなければならないという原則です。

3 条件変更の申込みの受付

　融資の申込みの受付は、いつも新規のお客さまばかりとは限りません。以前に融資された件についての変更申込みのケースもあります。

　融資条件変更の申込みには、①返済金額変更、②返済期日変更、③保証人変更、④担保差替え、担保抹消、⑤債務者変更、代表者変更、⑥金利引下げ、などがあります。これら融資条件の変更手続は、大変複雑です。また、事務手続としては融資実行後の事後管理にあたりますから、後述することにします。

　しかし、先にも述べたように、融資担当者として受付をする場合には、当然これらの申込みもあるでしょう。その際には次のことに注意してご要望の内容を確認し、役席者の指示を仰ぎます。

> ● 変更申込みはどのような**種類**のものか。
>
> ● 変更したい**希望日**はいつか。
>
> ● 明確な**変更理由（原因）**があるかどうか。
>
> ● 顧客の提示する**変更条件**はどのようなものか。

●まとめ●

　お客さまから融資の申込みを受け、その申込みが妥当なものかどうかを判断するまでには、いろいろな過程を踏まなければならないこと、とくに審査の段階では、企業の信用や事業内容・財務内容の分析などの検討事項が重要であることがわかったと思います。

　一方、個人事業主が多い中小企業の場合、提出される決算書類にしても、信憑性に乏しい場合が多く、融資を判断するには、融資先に出向いて実際に工場などの現場を見るなど会社の現状や将来性を見極めるノウハウを養う努力も必要ではないかと思われます。

　いずれにせよ、融資業務についたときには、企業であれば、そのお客さま（取引先）の企業の内容を的確につかみ、計数管理ができるよう心がけてください。

# 第3章　確認テスト

問題　次の文章を読んで、正しいものには〇印を、誤っているものには×印を（　　）の中に記入しなさい。

（　　）1．融資担当者は、融資受付に際して、謙虚に誠意をもって申込内容を聴き、正確にその内容を理解し、そして融資を必要とする事情を客観的に把握するよう心がけることが大切である。

（　　）2．　今まで融資取引がなく、今回が新規取引の申込みという場合には、店内協議までに、まず最初に、資金使途と申込金額の妥当性を検討する必要がある。

（　　）3．債務者が融資金を返済できなくなった場合には、保証人が本人に代わって融資金を銀行に返済することを保証するので、債務者本人の担保の有無などを確認する必要はない。

（　　）4．融資の申込みにあたって、融資担当者としては、融資金の直接的な使途を把握し、確認すれば十分である。

（　　）5．財務諸表の計数分析から読みとる主なポイントは、①利益をあげているかどうか（収益性の分析）、②経営は堅実であるかどうか（安全性の分析）、③資金はスムーズに流れているかどうか（流動性の分析）の3つである。

（　　）6．　正確な信用調査をするためには、企業の資金繰り表や合計残高試算表を照合し、検討することが大切である。

（　　）7．売上高から、売上原価などの売上に比例して増減する変動費と、人件費などのような固定費を引いた損益がゼロとなる売上高、つまり収益と費用の額が等しくなる売上高を損益分岐点売上高という。

（　　）8．　弁護士個人から預金者の取引状況について回答を求められた場合には、銀行は回答する法的義務を負う。

（　　）9．銀行の守秘義務の例外として認められているのが、銀行間の信用照会制度であるが、回答銀行が故意に誤った事実を回答し、相手銀行に損害を与えたような場合には、不法行為による損害賠償責任を問われる可能性がある。

（　　）10．融資担当者は、「融資の可否は速やかに連絡してほしい」というお客さまの要望があることを理解し、融資の可否についての回答は、速やかに連絡することが望まれる。

☞解答は 166 ページ参照

第 **4** 章

担保・保証

　担保とは、融資債権が回収困難になったり、回収不能となった場合に、他の債権者に優先して弁済を受けるためのもので、抵当権などの物的担保と保証人などの人的担保とがあります。

　第4章では、担保にはどのようなものがあるのかを解説し、あわせて法的な知識や、担保を差し入れていただく場合の実務のポイントについても触れています。

1. 担保にはどのようなものがあるか

どれも大切なことばかりです

担保とは、融資先の債務が履行されない（融資金が約定どおり返済されない）場合に備えて、あらかじめ銀行が債務者または第三者との契約によって提供させる有形・無形の財産をいい、**物的担保**と**人的担保**の2つに分けられます。

📖 用語解説：物的担保と人的担保

物的担保とは、特定の財産または権利を債権の担保とするもので、債権の回収が不能となった場合には、その財産を処分することで回収にあてることができます（ただし、留置権を除きます）。法的には担保物権と呼ばれ、抵当権、質権、先取特権、留置権があります。

人的担保とは、ある人の信用を担保とする（「保証」といいます）もので、その人の一般的信用を含めてその人の財力を引当てとします。

物的担保には、約定担保物権と法定担保物権があります。**担保物権**とは、融資債権が回収困難になったり、または回収不能となった場合に、債権者が他の債権者に優先して弁済を受けることが認められる権利のことです。**約定担保物権**とは、債権者と担保提供者との契約によって生ずるもので、当事者間で約定しておかなければなりません。これに対して先取特権や留置権は**法定担保物権**といい、一定の要件が備われば、法律上当然に生ずる担保物権です。

担保物権は、債権回収が困難となった場合に債権者が他に優先して弁済を受けることが認められる権利

物的担保は、人的担保とは違い、留置権を除いて**優先弁済権**（他の債権者よりも先に弁済を受けることができる効力）を持っています。

担保は債務者が自己の所有しているものを提供するのが通常ですが、債務者が担保を持っていない場合や、自己の担保だけでは担保価格が不足する場合には、第三者が担保を提供する方法もあります。

1 不動産担保とは

不動産担保とは、土地・建物などの不動産に**抵当権を設定**して、融資金の担保とすることで、融資の中では、一般的な貸付方法の1つです（なお、不動産が抵当権以外の担保物権、すなわち、質権、先取特権および留置権の対象物となることもあり得ますが、貸付にかかる担保の設定方法としては一般的ではな

不動産担保のメリット・デメリット

いため、以下、不動産担保としては、抵当権に焦点をあてて解説をします）。

　現在のような不安定な経済状況の中では、融資した資金を返済できなくなる取引先も目立って増えてきています。このような事態が起こったときに返済金を回収するため、不動産担保が必要となるのです。万一、回収不能となれば担保となっている不動産を売却し融資金に充てることが可能となるからです。

　不動産担保のメリットとしては、担保不動産の価値が審査に反映されるので、無担保のカードローンなどと比べて長期かつ多額の融資を受けやすく、金利を低く抑えることも可能となることがあげられます。

　一方で、担保にしている不動産の価値が下落した場合には、「追加担保」が必要となる場合もあります。

　さらに、当然のことながら、返済できない場合には、債務者は担保とした不動産を失うことになりますが、このとき不動産価値が契約時より下落して返済額に満たない場合（担保割れ状態）には、その差額分も返済しなければならなくなります。また、融資手続にあたっては、事務手数料・不動産鑑定費用・印紙代・抵当権（根抵当権）の登記費用などの手数料がかかるため、合計で数十万円に達することも珍しくありません。

　銀行にとっても、不動産担保は調査に時間がかかること、調査のためにはある程度の専門知識を必要とすること、担保設定後も継続的な管理が必要であること、債務不履行となった場合の換金処分に時間がかかることなど、さまざまなデメリットがあります。

2　不動産を担保にとる場合の調査手順

　不動産を担保にとる場合、次のような手順で調査をすすめていきます。

> ①　所有者の確認
> ②　所有者の担保提供意思の確認
> ③　登記簿による権利関係の調査
> ④　公図、地積図の調査
> ⑤　都市計画法、建築基準法などによる開発制限・建築制限の内容の調査
> ⑥　所在地と現状用途の実地調査
> ⑦　売買事例などによる時価調査
> ⑧　時価査定と担保価額の算出

❶所有者を確認する

　不動産に抵当権を設定できるのは、現在の所有者だけですから、まず、目的の不動産の所有者について調査することからはじまります。

　所有者確認の主なポイントは次の点です。

①　不動産の**所在地はどこか**を確認する（付近の地図を見ながら所在場所を確認）。

②　お客さまが持参された登記済証（権利証）だけを見て判断するのではなく、**最新の登記事項証明書**をとって権利部（甲区）（所有権に関する事項）の「権利者その他の事項」欄に記載されている**最終の所有名義人と照合**する。なお、現在、不動産登記法の改正に伴い登記済証は廃止され、それに代わって、登記名義人を識別するための「**登記識別情報**」と「**登記完了証**」が交付されています。

③　**取得当時のいきさつ**について尋ねる。

- 購入の場合……資金はどうしたのか
- 相続の場合……誰からどうして、他に相続人は何人いたのか、など

④　現在の**使用状況**について尋ねる。

　誰が使用しているのか、何に使っているのか、など

❷所有者の担保提供意思を確認する

　不動産の所有者本人が融資申込人の場合は問題ありませんが、融資申込人の家族や第三者が所有者である場合は、必ず**面接して所有者の意思を確認する**とともに、契約書の抵当権設定金額も所有者本人に記入してもらいます。

❸その他の調査

①　**公図、地積測量図の調査**

　担保にする土地のある位置や形状は、法務局に備えられている公図や地積測量図を見て調べます。公図については、現在の町並みと著しく相違している（とくに道路状況）場合がありますので、念を入れて現地調査を行うことが必要です。

②　**都市計画法、建築基準法などによる開発制限、建築制限の内容の調査**

　担保にする物件の所在している自治体の担当窓口やホームページなどで、その土地の用途制限や建築物を建てるときの容積率、建ぺい率、高さ制限、都市計画道路の有無などを確認します。道路一本違うだけで取引価格が大きく異なる場合や、建物の高さ制限があるほか、建築制限によって思うような建物を建築することができずに価値が低くなっているような土

抵当権の設定は、まず所有者の確認から

登記済証☞登記申請書の写しに登記官が「登記済」と押印した、その所持人が登記名義人であることを公的に証明する書面

所有者の担保提供の意思確認は重要

地もありますから、注意しなければなりません。

③　**所在地と現状用途を現地調査で確認**

　　担保となる土地・建物の評価額を算出する前に、自ら現地へ出向いて現地調査をしなければなりません。たとえば、公図や地積測量図どおりの場所にあるか、目的不動産が登記事項証明書の記載どおりの物件か、土地の形状は担保物件として適当なものかどうか、説明どおりの現状用途となっているか、その他、道路状況、周囲の環境、交通状況などの調査です。

　　とくに、担保となる物件をとり違えて担保とし、後日トラブルが発生したりすることがありますので、慎重に行います。

④　**売買事例などによる時価の調査**

　　現地調査の際には、できるだけ近くの不動産業者に行き、最近の売買事例を聞き出して時価を調査します。実際に売買事例がなくても、不動産業者はだいたいの時価をつかんでいますから、担保評価にあたっては参考になるでしょう。

⑤　**時価査定と担保価額の算出**

　　現地調査が済んだら、時価査定をします。もっとも確実な方法は、不動産鑑定士に依頼して不動産鑑定評価書を作成することですが、そうでない場合には、公示価格、路線価、実勢価格（実際に売買される価格）などを総合して算出することになります（国土交通省のホームページ「土地総合情報システム」には、公示価格、基準地価格のほか、不動産取引情報が掲載されています）。担保価額の算出方法は銀行によって異なりますが、評価額に**一定の掛目**（かけめ）（6掛〜8掛が一般的）をかけて算出します。

地価を調べるための公的土地評価情報

	公示価格	基準地価格	路線価 （相続税評価額）	固定資産税 評価額
内　容	都市計画区域内等で国土交通省が定める標準地における1月1日時点の1㎡当たり土地単価	各都道府県が定めた基準地における1㎡当たり土地単価（価格水準は公示価格とほぼ同じ）	相続税の算出基礎とするために求められる土地の評価額（価格水準は公示価格の8割程度）	固定資産税等の算出基礎とするために求められる土地の評価額（価格水準は公示価格の7割程度）
発表機関	国土交通省	都道府県	国税庁	市町村（東京23区は東京都）
発表時期	毎年3月	毎年9月	毎年7月	3年に1回

3 預金を担保にとる

　預金担保は、債務者または第三者が債権者に対して、預金または定期積金にかかる債権を債務の担保として提供するものです。

　預金債権は指名債権（債権者が特定している債権）ですから、それを担保にとる方法としては、質権設定の方法または譲渡担保の方法がありますが、実務上では、質権設定手続による方法が行われています。

❶質権とは

　債権者がその債権の担保として債務者または第三者から提供を受けた動産もしくは不動産または債権を、債務が弁済されるまで債権者のもとにおいておき（動産もしくは不動産の場合）、または処分をおさえ（債権の場合）、債務者（兼担保提供者）の弁済を間接的にうながすとともに、弁済されない場合にはそれを換価または取り立てて、その金銭で他の債権者よりも優先して弁済を受ける権利を**質権**といいます。

質権の設定には物件の引渡しが必要

　質権は、その対象ごとに、①動産質、②不動産質、③権利（債権）質の3種類に分けられ、預金担保は③権利（債権）質に属します。

　動産または不動産を対象とした質権設定契約は**要物契約**ですから、**担保物件の引渡し**を受けなければなりません。これに対して、債権を対象とした質権設定契約は対象の引渡しを要しない**諾成契約**とされていますが、融資実務では、トラブル防止の観点から、担保差入証と一緒に質権設定する預金証書の交付を受けることが一般的です。

　質権の対象は、銀行にとっては管理が容易で、質権設定者にとっては、質権を設定しても営業などに支障をきたさないものがよく、たとえば預金証書や有価証券などが適切で、逆に車のような営業用の動産などは不適当です。

❷譲渡担保とは

　担保物件の所有権を債権者に譲渡し、一定期間内に債務の弁済があれば再び債務者に返還される担保物権を譲渡担保といいます。質権や抵当権は所有権が設定者に残っているのに対して、譲渡担保は担保物件の所有権自体が移転します。譲渡担保は民法に規定がないのですが、判例・学説ともその有効性を認めています。

譲渡担保は物件の所有権が移転

　譲渡担保の目的となる権利には制限がなく、財産的価値のある権利で譲渡可能なものであれば何でもかまいません。

　民法では、動産の質権者は自己に代わって質権設定者に質物の占有をさせる

ことはできないことになっています。ですから、機械・器具に動産質権を設定した場合、債務者は担保に供した機械・器具を使い続けることができなくなり、返済原資を得る手段を取り上げてしまうことになるため、機械・器具を担保にとる方法として譲渡担保が利用されるわけです。

4　その他の担保

❶有価証券担保

有価証券担保とは、公社債および上場株式などの有価証券を担保とするものです。担保としての有価証券には、信用性、流通性および換金性があり、かつ、時価の査定が容易でなければなりません。

❷動産・債権担保

企業が持っている原材料・仕掛品・商品等の在庫、生産を行うための機械設備等や 売掛金等の債権は、企業にとって収益を生み出す大切な資産（事業収益資産）です。企業の信用力の補完として、これらの資産を担保として提供し、貸し手（金融機関等）がその事業価値を見極めたうえで行う融資のことをABL（Asset Based Lending の略。動産・債権担保融資）といいます。

事業に必要な資産を担保として提供しますが、通常の企業活動で原材料や機械等を生産活動に利用でき、また、商品も取引先に販売することができます（担保になると譲渡担保契約に基づき所有権は貸し手に移りますが、実際のモノは借り手に残ります）。

ABL の利用にあたって重要なのが、**資産の評価**です。貸し手は、取引先との契約書類や受発注に関わる書類等、各種資料の確認、在庫の実物確認等、在庫や売掛金等の資産について、担保としてどの程度の価値があるかを調査します。

ABL による融資を受けることが正式に決まった際には、在庫や売掛金等の資産が担保になることを第三者に対して主張するため、資産の登記を行います（機械設備や在庫、原材料等の動産は「**動産譲渡登記**」、売掛金等の債権は「**債権譲渡登記**」を行うことになります）。

2．抵当権とはどのような権利か

　抵当権は、担保として契約した目的物（土地・建物などの不動産）の**引渡し
を受けることなく**、債務が弁済されない場合にその目的物を処分して、その代
金から優先的に弁済を受けることができる担保物権です。

　抵当権設定契約は、債権者と抵当権設定者（担保提供者）との間で、設定に
ついて**合意契約を結ぶ**（**諾成契約**といいます）ことによって担保不動産上に成
立し、債権者は抵当権を取得することになります。

1　抵当権設定契約で注意すること

　抵当権の設定契約は、法的には口頭でも成立しますが、後日の紛争を避ける
ためにも、証拠書類として**契約書**（抵当権設定契約証書）**を作成**します。この
契約書は抵当権設定登記にも必要となります。

　抵当権設定契約にあたってもっとも注意すべきことは、前述したとおり**所有
者の担保提供意思の確認**です。

　法人が担保提供者の場合は、法人保証のときと同様に、担保提供がその法人
の定款などに定められた**目的の範囲内の行為**であるかどうか、また、**取締役会
の承認の有無**についても注意する必要があります。

所有者の担保提供意
思の確認は、後日の
トラブル等を避ける
ためにも重要

2　抵当権の法的性質

　抵当権には、付従性、随伴性、物上代位性、不可分性などの法的性質があり
ます。

　付従性とは、抵当権で担保されている債権（被担保債権）が存在しなければ
抵当権は成立せず、弁済などによって被担保債権が消滅すれば、抵当権も消滅
する性質のことです。

　随伴性とは、被担保債権が債権譲渡や代位弁済によって第三者に移転すれ
ば、抵当権もそれに伴って第三者に移転する性質のことです。

　物上代位性とは、抵当権設定者（担保提供者）が受け取ることができる抵当
物件の売却代金や損害賠償金、火災保険金請求権に対しても、抵当権の効力が
及ぶという性質のことです。

　不可分性とは、被担保債権の一部について弁済があっても、債権が残ってい

れば、担保物件すべてについて抵当権の効力が及んでいるという性質のことです。

3　抵当権には 2 つの種類がある

抵当権には、「**普通抵当権**」と「**根抵当権**」があります。

❶普通抵当権とは

普通抵当権は、**特定の債権**を担保することを目的として設定されるもので、担保された債権が弁済によって消滅すると抵当権も消滅します（**付従性**）。また、債権が譲渡されると、抵当権も移転します（**随伴性**）。

❷根抵当権とは

普通抵当権に対して、**根抵当権**は、**一定の範囲に属する不特定の債権を極度額まで担保**する抵当権です。

「一定の範囲に属する不特定の債権」とは、特定の債権は担保しないということではなく、設定行為によって定められた範囲に含まれる債権であれば、現在すでに発生している債権はもちろん、**将来発生すべき特定債権を含めて**、全体として極度額の範囲内で不特定の債権を担保するということです（次項解説を参照願います）。

普通抵当権に付従性があるのに対して、根抵当権は、被担保債権が弁済されても根抵当権は消滅しません。また、債権が譲渡されても根抵当権は移転しません。つまり、付従性や随伴性はないのです。

このため、期日を定めて、その期日の時点における債権額を明確にするのが「**元本の確定**」です。元本が確定すると、根抵当権は普通抵当権と同じ扱いになり、被担保債権に対する付従性や随伴性が生じます。

4　普通抵当権と根抵当権

たとえば、普通抵当権の場合、銀行が、不動産を担保に 1,000 万円の融資を普通抵当権設定契約により実行し、毎月の返済により 1 年後に債務者の借入金残高が半分の 500 万円になったとします。

この場合、借入金残高の減少に伴い抵当権によって把握されている価値も減少（消滅）し、借入金残高 500 万円と同額の 500 万円となります。そして、さらに 1 年後にすべて返済され、借入金残高は「0」になったことで、普通抵当権は消滅し終了します。

これを根抵当権に置き換えると、次のようになります。毎月の返済により 1

年後の借入残高が500万円に減少しても、設定された根抵当権によって把握されている価値は1,000万円であることに影響はありません。あくまでも根抵当権によって把握されている価値は1,000万円で変わりません。

そしてこの場合、500万円の余力が生じているので、新たに何らかの融資を行ってもその額が500万円の範囲内であれば、新たに抵当権の設定や変更の契約などの手続を行う必要はありません。

したがって、1,000万円の範囲内の融資であれば、これから発生が予測される債権など、不特定の債権を極度額まで担保することができることになります。

「一定の範囲に属する」というためには、たとえば銀行の融資業務における手形貸付、手形割引、証書貸付、当座貸越など、一定の種類の取引によって生じることが必要であり、これらの取引にかかる債権は、根抵当権によって担保することが可能です。

「**極度額**」とは、実務的には、繰り返し融資を受けることができる上限額（法的には、根抵当権によって把握される対象不動産の価値の上限枠）のことですが、根抵当権については、設定契約時にこの極度額を定めることになっています。

5 抵当権の目的物

抵当権の目的物となるものは、登記または登録などによる公示方法が認められている財産に限られています。民法は、**不動産（土地・建物）、地上権、永小作権**についてのみ抵当権設定ができると定めていますが、不動産抵当が広く取り扱われています。

その他、特別法によって動産についても抵当権の設定ができます。たとえば、工場財団や所有権保存登記がされた立木などは1個の不動産とみなされ、抵当権の目的物となります。

また、不動産とはみなされませんが、たとえば登記された船舶、登録された自動車、登記された建設機械、航空機などにも抵当権の設定ができます。

3. 抵当権設定のポイント

どれも大切なことばかりです

　抵当権の設定は、抵当権者と抵当権設定者との間の意思表示によってその効力が生じますが、抵当権を第三者に対抗するためには**登記**をしなければなりません。

☞民法 177 条

　抵当権設定の登記をしなければ、この登記以後の目的不動産の第三取得者、後順位抵当権者、差押債権者に対して、自己の**抵当権の存在やその優先順位を主張**することができないということです。

抵当権の優先順位は登記の順序によって決まります

抵当権設定登記に必要な書類

① 　抵当権設定契約書

② 　登記識別情報または登記済証（権利証）

③ 　所有者の委任状

④ 　所有者の資格証明書（所有者が法人の場合）、印鑑証明書

⑤ 　銀行の委任状と資格証明書

　土地や建物に抵当権を設定する場合、次のような点に注意しなければなりません。

① 　建物が建っている土地は、土地だけに抵当権を設定するのではなく、**土地と建物の両方**を抵当権の目的物とします。

② 　何の建築物もない土地（**更地**）に抵当権を設定する場合は、**設定後の管理**に十分な注意が必要です。抵当権設定後に建物が建てられると担保価値が下がってしまうので、建物を建てた場合は、その建物も追加担保とする旨の念書を提供してもらうなどして、常に管理しなければなりません。

③ 　公図、地積測量図によって**目的物への進入道路**を確認します。とくに**私道の有無**を調査し、設定漏れのないようにします。

④ 　借地上の建物に抵当権を設定する場合、借地権が賃借権であるときには**賃借権譲渡に関する地主の承諾書**を差し入れていただきます。借地上の建物に抵当権を設定したときは、建物に対する抵当権の効力が土地にも及ぶというのが裁判所の判断ですが、競売などによって第三者に建物所有権が移った場合には地主の承諾が必要になる（民法 612 条）ため、あらかじめ

承諾を得ておく方法がとられます。

⑤ **農地**を宅地等にするために、所有権の移転、質権・賃借権その他使用・収益を目的とする権利の設定・移転をする場合には、農地法の規定により**都道府県知事等の許可**が必要となります。抵当権は、土地の使用・収益を目的とする権利ではありませんから、抵当権設定手続については農地法の制限を受けませんが、売却による権利移転についてはこの制限を受けます。したがって、正式担保としては、農業委員会への届出で権利移転が可能な**市街化区域内の農地**で、都市計画法に基づく開発許可を受けていて、かつ転用届が受理されているものに限るべきです。

⑥ 地下街の建物、ガード下を利用した店舗・倉庫などは、建物として取り扱われます。

抵当権設定時の注意事項

① 担保提供者が真実の所有者かどうか

② 担保提供者が破産者や制限行為能力者でないかどうか

③ 担保提供意思の確認

④ 滞納税金の有無の確認

⑤ 担保提供者を、原則として保証人にする

⑥ 土地と建物が同一所有者になっているときは、土地・建物を共同担保にする

⑦ 借地上の建物を担保とするときは、地主の承諾書を添付してもらう

⑧ 財団を組成しない工場を担保とするときは、工場抵当法に基づき付属の機械器具なども担保にとる

⑨ 火災保険金請求権に質権を設定し、公証人による確定日付を求める

⑩ 設定契約をしたときに、抵当物件が現存、特定していること

---

4. 保証人（人的担保）を調査する

どれも大切なことばかりです

保証をするとはどういうことでしょうか？

融資の申込人について信用調査をした結果、それが適正な申込みであり、回収の見込みも確実であると判断されたとしましょう。

しかし、それですぐに融資が実行されるわけではありません。なぜなら、銀

人的担保とは、ある人の一般的な信用を含めて財力を担保とするもの

行としては、さらに確実に融資金の回収・保全をはかるために、債務者を保証する保証人や担保を求めなければならないからです。

　ただし、上場企業や預金担保貸出のように、回収が確実視できるものには保証をつけないこともありますが、一般的には保証をつけるのが原則です。このように保証人や担保を求めることを**信用補完**といいます。

　保証人は、債務者が借入金を返済しない場合や、倒産などの事由により返済できなくなった場合に、債務者に代わって返済する責任を負います。

　つまり、「保証をする」とは、債務者がその債務を履行しない場合に、債務者以外の第三者が債務を履行する責任を負うことをいいます。 ☞民法446条

1 保証は物的担保とどう違うのか

　物的担保は、債権者が債務者または第三者から、特定の財産の提供を受け、融資債権が回収困難または回収不能となった場合に、その特定の財産を処分して、他の債権者に優先して回収できる権利のことです。

　これに対して保証は、特定の財産が担保の目的になっているわけではなく、保証人の全財産が主債務の限度で担保されているという点に違いがあります。

2 保証契約はどのような場合に成立するのか

　保証契約は**債権者と保証人との保証契約**によって成立します（債務者は保証契約の当事者ではありません）。また、保証契約は**書面**でしなければ、その効力を生じないものとされています（民法446条2項）。

　通常は、債務者が保証人に保証を委託しますが、委託を受けない人でも保証人となることができ、また、債務者の意思に反しても保証人となることができます（ただし、実務のうえでは債務者の承諾を得ているのが通例です）。

　なお、これらいずれの場合でも、債権者との関係では保証の効力に差異はありません。

3 保証の法的性質

　保証には、**付従性、随伴性、補充性**という法的性質があります。付従性とは、主債務がなければ保証債務は成立せず、主債務が消滅すれば保証債務も消滅するという性質のことです。随伴性とは、主債務が移転すると保証債務も一緒に移転するという性質のことで、補充性は、主債務者が債務を履行しない場合に、保証人が保証債務を履行すればよいということです。

付従性、随伴性
☞p.120

4 保証の意思はどのようにして確認するのか

　保証契約の成立についてもっとも大切なことは、保証人に**保証する意思**があるのかないのかを確認することです。

保証契約の成立でもっとも大切なことは、保証人の保証意思の確認

　実務上では、保証債務を負担するときになって、「そんなに多額の保証をしたおぼえがない」とか、「契約書に署名していない（同居家族が手続した）」といった、保証契約の否認に関する例がよく出てきます。

　このような場合、委任状や印鑑証明書などが添付されていたとしても、それは保証意思を確認する材料にすぎないものですから、保証契約の成立には保証人の意思確認を必ずしなければなりません。

　形式的に保証契約が締結されていても、保証人に保証の意思がなければ、その契約は無効となります。

　それでは、どのようにすれば保証意思の確認ができるのでしょうか。具体的には、次の点に注意しなければなりません。

保証人に面接して確認することが大切

保証意思確認の注意事項

① 　保証人に**照会状**を発送する。

② 　必ず保証人本人に**面接して確認**する。来店を求めるか、それができなければ訪問する（複数名で応対することが望ましい）。

③ 　**保証内容**（種類、期間、金額）をよく**説明**する。

④ 　**署名捺印**は必ず、**保証人本人**にしてもらう。

⑤ 　保証人に面接した場合、後日のために、その事実を保証人調査書の備考欄などに**記録**しておく。記録内容としては、いつ（年月日、曜日、時間、そのときの天候）、どこで（面接場所）、誰が（面接者全員の名前）、どんなことを話したか（具体的な話の内容と保証人のそのときの返答した様子）など。

　なお、個人連帯保証契約については、原則として経営者以外の第三者の個人連帯保証を求めないこととされていますが、2020年4月施行の改正民法により、**事業用融資の第三者個人保証**については、契約の締結に先立ち、その締結の日前1カ月以内に、保証人になろうとする者が**保証意思を表示した公正証書**（保証意思宣明公正証書）を作成することが義務づけられました。

5　保証人の条件と保証能力の確認

❶保証人の条件

　債務者が債権者のために保証人を立てなければならない場合には、保証人は

①　**行為能力者**であること（未成年者などの制限行為能力者でないこと）

②　主債務を弁済できる**資力**があること

が必要です。保証人に主債務を弁済する資力がなくなったときには、債権者は、債務者に対して弁済の資力のある保証人に代えるように請求することができます。 ☞民法 450 条 1 項・2 項

　ただし、債権者のほうが特定の保証人を指名したときは、このような規定の適用はありません。 ☞民法 450 条 3 項

❷保証人の保証能力はどのようにして確認するのか

　融資取引においては、会社の場合には代表者や親会社が、個人の場合には友人や知人・親兄弟などが保証人になることが多いのですが、当然、保証債務に見合うだけの資力を持っているかどうかを十分に調査しなければなりません。保証意思は十分あっても、保証能力に見合うだけの資産や収入がなければ、保証人として適格であるとはいえません。

　そこで、「保証人調査書」を作成し、債務者との関係や所有不動産、年間所得などを調査し、登記事項証明書や納税証明書などで確認して、保証能力があるかどうかを検討しなければなりません。

6　法人を保証にとる場合の注意事項

　法人の行為は、法律上**定款**などに定められた**目的の範囲内**に限られています。 ☞民法 34 条

　したがって、法人を保証にとる場合には、その保証行為が当該法人の目的の範囲内であるかどうかを、定款や登記事項証明書で確認しなければなりませんが、実際には目的の範囲に保証と明記されている例は多くないと思います。この点に関し、営利法人については、目的の範囲は広めに理解されますので、保証が目的の範囲外であるとして無効になることはほとんどないと考えられます。

　また、株式会社の場合なら、その保証行為に関する取締役会等の決議についての議事録をとりよせ、会社の保証意思を確認します。特に利害関係が希薄と思われる主債務者に関する保証行為は、会社の代表者が権限を濫用して保証をしている可能性も否定できないことから、会社の保証意思の確認は重要となります。

7 連帯保証

❶連帯保証の性質

保証人が債務者と連帯して保証債務を負担する保証を連帯保証といい、次のような性質があります。

① 連帯保証人には**催告の抗弁権**も**検索の抗弁権**もなく、債務不履行があった場合には、債権者は、債務者と保証人のどちらに先に請求しても、またどちらの財産から先に執行してもよい（すなわち、前述の補充性がない）こと。

② 連帯保証人には**分別の利益**がなく、連帯保証人が数人いても、債権者は、それぞれに全額の保証債務の履行を請求することができること。

このように連帯保証は金融機関にとっては有利な制度のため、融資取引では連帯保証の方法をとるのが一般的です。

ただし、**経営者以外の第三者の個人連帯保証**については、本人からの自発的な申し出があった場合を除いて、原則として求めないこととされています。したがって、契約者本人が経営に実質的に関与していないにもかかわらず、自発的に連帯保証契約の申し出があった場合には、経営への関与の度合いに留意し、保証債務を履行せざるを得ない場合があることについて説明するとともに、説明を受けた旨の確認をいただく必要があります。

📖 **用語解説：催告の抗弁権と検索の抗弁権**

保証人は、債権者が保証債務の履行を求めてきた場合、まず主たる債務者に対して催告をするよう主張し、それまでは保証債務の履行を拒むことができ、この権利を「催告の抗弁権」といいます（民法452条）。

また、債権者が保証人に対して保証債務の履行を求めて強制執行をしてきた場合、主たる債務者に弁済の資力があり、その執行が容易であることを証明すれば、主たる債務者の財産に執行するよう主張でき、債権者からの履行の請求を拒絶することができます。これを「検索の抗弁権」といいます（民法453条）。

なお、連帯保証にはこのような抗弁権が認められていません。したがって、債務不履行があった場合には、債権者と保証人のどちらに先に請求しても、またどちらの財産から先に執行してもよいことになっています。

📖 **用語解説：分別の利益**

保証人が2名以上いる共同保証の場合、原則として共同保証人は主債務の額を平等の割合で分割した額についてのみ、保証債務を負担すればよいとされています。したがって、債権者は2名の保証人に対しては2分の1、3名の保証人に対しては3

分の１ずつしか請求できないことになり、これを「分別の利益」といいます。しかし、連帯保証人には債務の負担部分がないため分別の利益はなく、連帯保証人が数人いる場合、そのそれぞれに保証債務の全額を請求することができます。

❷普通保証と連帯保証

連帯責任を負わない通常の民法上の保証を、普通保証とか単純保証といいます。

銀行が融資をするに際して保証を付す場合には、通常、主債務者と連帯して債務履行の責任を負うという特約がなされています。また、この特約がなくても、債権者、債務者の双方かまたは一方が商人である場合の債務の保証は、連帯保証になります。 ☞商法５１１条２項

したがって、商人である銀行からの借入債務を保証したものは、常に連帯保証人になり、普通保証になることはまずありません。

しかし、非商人である信用金庫、信用組合、農協などの融資で、相手方も非商人の場合には商行為となりませんので、とくに連帯保証の特約をしなければなりません。 ☞商法２条

📖 **用語解説：商人**

商人とは、本来は、自己の名をもって商行為をすることを業とする者で、株式会社・合名会社・合資会社・合同会社も商人とみなされます。

- -
8 根 保 証
- -

根保証とは、債権者と債務者との間の一定の継続的取引によって起こる、債務者が**現在および将来負担する不特定の債務**を保証することをいいます。

融資取引では、継続・反復する取引もたくさんありますから、保証も個々の取引ごとにするのではなく、継続・反復する取引から生ずる一切の債務をまとめて、そしてまだ発生していない債務も含めてあらかじめ保証しておく必要があります。

したがって、この場合の保証形態は**根保証**となります。

実務では、法人の代表者がその法人との取引に関して根保証をする場合がほとんどで、第三者が無制限ともいえる保証人になるということは、まずありません。

なお、根保証には、保証の期間や極度額を定めない「包括根保証」と、これらを定める「限定根保証」とがあります。保証人が法人の場合は、包括根保証

も有効ですが、保証人が個人の場合は、**極度額の定め**を書面に記載しなければ根保証が効力を生じないとされています。なお、極度額の定めの要請は、従来は、根保証人が個人であり被保証債務に貸金債務または手形割引にかかる債務が含まれている「貸金等根保証契約」のみが対象とされていましたが、2020年4月に施行された改正民法により、「個人根保証契約」全般について、極度額の定めが必要となりました。したがって、保証人が**個人**の場合は、保証の期間・極度額など保証債務の範囲を明確に定めた「**限定根保証**」を採用しています。

　たとえば、債権極度額を定めた場合、この極度額は元本についての定めなのか、元利合計額についての定めなのかという疑問が生じますが、判例では、特約のない限り、保証債務は元利合計額で極度額に制限されることになっています。

　また、保証期間を定める場合にも、保証期日までに発生する債務を保証するもので、保証期間満了日に存在する主たる債務を保証することになります。

　根保証契約を締結する際は、法人以外の場合と法人の場合とに分けて手続をとることになります。

☞民法465条の3

①　法人以外の根保証人を受け入れる場合は「債権極度額」と「元本確定期日」の定めが必要となります。なお、契約日から5年を超える元本確定期日を定めると、その期日の定めが無効となります。この場合には、元本確定期日の定めがないことになりますので、契約日から3年後の日が元本確定期日ということになります。

②　法人の根保証人を受け入れる場合は、従来と同様「被保証債務の範囲」「債権極度額」「元本確定期日」の定めの有無は問いません。

⑨　根保証契約締結時の保証人に対する説明義務

①　根保証契約の締結時には、保証人に対して十分な説明と理解を得ることが必要となります。

②　根保証人との合意の上で設定した債権極度額および元本確定期日は、今後銀行が債務者と取引を行うにあたっての根保証人の責任範囲を定めているもので、将来の融資を約束するものではないことを説明する必要があります。

③　根保証契約締結については、面前での署名捺印が大切です。

10 保証人に対する情報提供義務

2020年4月施行の改正民法により、保証人保護の観点から、次のような各種の情報提供義務が新設されました。

❶契約締結時の情報提供義務

保証人（個人）が情報不足により不足の損害を被ることを防止する観点から、主たる債務者が事業のために負担する債務を主債務とする保証を個人に委託する場合には、主たる債務者が当該委託を受ける者に対して、自己の財産および収支の状況、主債務以外に負担している債務の有無およびその額・履行状況などの情報を提供することが義務づけられました。

❷主債務の履行状況の情報提供義務

保証人が主たる債務者の委託を受けて保証をした場合において、保証人から請求があったときは、債権者は、保証人に対し、遅滞なく、主たる債務の元本、利息等についての不履行の有無、残額および弁済期が到来しているものの額に関する情報を提供しなければなりません。

❸期限の利益喪失時の情報提供義務

主たる債務者が期限の利益を有する場合において、その利益を喪失したときは、債権者は、保証人（個人）に対し、その利益の喪失を知った時から2カ月以内に、その旨を通知しなければなりません。当該期間内に通知をしなかったときは、債権者は、保証人に対し、期限の利益喪失時からその通知を現にするまでに生じた遅延損害金にかかる保証債務の履行を請求することができません。

5. 経営者保証ガイドライン

中小企業の経営者による個人保証については、経営者への規律付けや信用補完として資金調達の円滑化に寄与する面がある一方、貸し手側の説明不足や過大な保証債務負担の要求、あるいは不明確な保証債務の履行基準、そして残存債務等の課題が経営者による思い切った事業展開や、保証後の経営が苦境に陥った場合における早期の事業再生を阻害する要因となっているなど、企業の活力を阻害する面もあり、さまざまな問題が存在していました。

このため、2013年12月に、日本商工会議所と全国銀行協会が共同で「経営者保証に関するガイドライン」を策定、2014年2月から適用が開始されています。

経営者保証ガイドラインに法的拘束力はないものの、ガイドラインを積極的に活用した融資慣行が浸透・定着化することが重要視されており、金融機関は主たる債務者、保証人とともに、自発的に尊重し遵守するよう努めていく必要があります。

1 経営者保証に依存しない融資の一層の推進

金融機関は、在庫（原材料、商品）や機械設備、売掛金などの資産を担保とする融資（ABLといいます）など**経営者保証の機能を代替する融資手法のメニューの充実**を図ります。

ガイドラインの対象となって経営者保証なしで新規融資を受ける（または、経営者保証の解除をする）ためには、保証人が主債務者である中小企業の経営者等（個人）で、主債務者・保証人とも反社会的勢力ではない必要があります。

また、債務者が経営者保証を提供せずに資金調達を希望する場合は、以下のような経営状況であることが必要です。

① 業務、経理、資産所有等に関し、法人と経営者の関係が明確に区分・分離されている。

② 財務状況や経営成績の改善を通じた返済能力の向上等による信用力が強化されている。

③ 債権者に対し、財務状況に関する信頼性の高い情報を開示・説明することにより、経営の透明性が確保されている。

2 経営者保証の契約時の債権者の対応

やむを得ず保証契約を締結する場合等には、企業の財務データ面だけではなく、対話や経営相談を通じて情報を収集、事業性を適切に評価するとともに、以下の対応に努めます。

① 債務者や保証人に対して、保証契約の必要性、経営者保証の必要性が解消された場合の保証契約の変更・解除等見直しの可能性等について**丁寧かつ具体的に説明**する。

② 保証金額は、形式的に融資額と同額にするのではなく、保証人の資産および収入の状況、融資額、債務者の信用状況等を総合的に勘案して**適切な保証金額**を設定する。

金融機関に求められる対応

③　保証債務の整理に当たり、保証履行請求額に一定の基準日以降の保証人の収入は含まないなどの適切な対応を誠実に実施する旨を保証契約に規定する。

　また、2022年12月に「中小・地域金融機関向けの総合的な監督指針」が改正され、2023年4月から、以上の要件に加えて、「どの部分が十分ではないために保証契約が必要となるのか」「どのような改善を図れば保証契約の変更・解除の可能性が高まるか」などについての説明が求められることとなりました。

3 既存の保証契約の適切な見直し

　債務者および保証人から既存の保証契約の解除等の申入れがあった場合は、その事由により債権者（銀行）は、経営者保証の必要性や適切な保証金額等について、真摯かつ柔軟に検討を行い、その検討結果を主債務者および保証人に丁寧かつ具体的に説明する必要があります。

4 保証債務の整理

❶保証債務の整理の手続

　「主たる債務と保証債務の一体整理」を図る場合と、「保証債務」のみを整理する場合があります。原則として、主債務との一体整理を図るように努めることになりますが、具体的には、主たる債務者の弁済計画に、保証人による弁済も含めて策定します。基本的な考え方としては、法的債務整理手続に伴う事業の継続を妨げないこと、保証債務の整理についての合理性、客観性および対象債務者間の公平性を確保するといったことが求められます。

❷経営者の経営責任のあり方

　一律かつ形式的に経営者の交代を求めず、経営者が引き続き経営に携わることに経済合理性が認められる場合は、これを許容します。

❸保証債務の履行基準（残存資産の範囲）

①　債権者（銀行）は、保証人が手元に残すことのできる残存資産の範囲の決定に関し、保証人の履行能力、経営者たる保証人の経営責任や信頼性、破産手続における自由財産（破産法により破産財団に属しないとされる財産）の考え方との整合性等を総合的に勘案する。

②　保証人は自らの資力の情報開示、資産の状況を表明保証し、保証人の債務整理を支援する弁護士、公認会計士、税理士等の専門家（支援専門家）

が情報の正確性を確認する。

③　債権者は、保証人の要請を受け、回収見込額を考慮し、経営者の安定した事業継続、事業清算後の新たな事業の開始等のため、一定期間の生計費に相当する額や華美でない自宅等を残存資産に含めることを検討する。

④　事業を継続する再生型手続の場合で、事業継続に必要な資産が保証人の所有資産の場合は、保証人が債務者（会社）に対してその資産を譲渡し、保証債務の返済原資から除外する。

❹保証債務の一部履行後に残存する保証債務の取扱い

　保証債務の弁済計画の経済合理性を認定した債権者は、保証人が表明保証した資力が事実に反した場合には、追加弁済する旨の契約の締結等の要件が充足されれば、残存する保証債務の免除に誠実に対応します。

6. 信用保証協会の保証

1 信用保証協会の保証のしくみ

　信用保証協会は、中小企業に対する信用を補完し、その金融調達の円滑化を図るため、信用保証協会法に基づいて設立された特殊法人です。

　信用保証協会が行う主な業務は、中小企業を対象として、**事業に必要な運転資金や設備資金**に限り、借入金などの**債務を保証**することです。

　信用保証制度を利用できる融資は、通常の融資のほか、地方公共団体と信用保証協会が提携して行っている制度融資、信用保証協会が独自に設けている制度融資です。また、日本政策金融公庫などの代理貸付制度にも利用できます。

　信用保証協会と中小企業との関係は保証委託で、保証協会と金融機関の関係は、両者間で締結された包括的約定書と保証のつど発行される信用保証書の内容によって決まります。

①　信用保証協会は「信用保証委託契約」に基づき、中小企業者から信用保証の委託を受け、これに対して保証承諾を行います。

②　金融機関は、信用保証協会と基本約定を締結して、その約款に基づいた保証を得て融資を行います。

　なお、取扱いは地域によって異なりますが、利用できない業種や保証限度額

などがありますので注意が必要です。

2　保証付融資のメリットと留意点

❶信用保証協会利用のメリット

①　取引金融機関のプロパー融資と保証付融資を併用することにより借入枠の拡大を図ることができます。

②　流動資産担保融資（ABL）保証、小口零細企業保証、経営力強化保証、借換保証、事業承継特別保証など、さまざまなニーズに合わせた保証制度の利用が可能です。

③　一般融資の保証は、原則として運転資金 7 年以内、設備資金 10 年以内ですが、長期経営資金保証（運転資金 15 年以内、設備資金 20 年以内）等の利用により長期の融資を利用することができます。

④　原則として、法人代表者以外の連帯保証人は不要です。

⑤　担保がなくても、原則として 8,000 万円までは利用できます。

❷信用保証協会利用の留意点

①　金融機関への返済が滞り、信用保証協会が代位弁済した場合、代位弁済した借入金の残債の返済を信用保証協会から請求されます。

②　借入申込時には、信用保証協会と金融機関のそれぞれで審査が必要なため、信用保証協会の保証があっても、金融機関からの借入が 100％実行されるとは限りません。

③　金融機関が債務免除した場合には弁済を免除されることがありますが、信用保証協会の代位弁済の原資は税金であるため、信用保証協会は残債の債務免除に応じないことがあります。

3　信用保証協会の免責事項

　信用保証協会の保証制度を利用した融資は、信用保証書の条件に基づいて実行されなければなりません。

　この条件に反した融資は、免責事項として信用保証協会から保証の履行を拒否されることになり、代位弁済を受けることができなくなります。

　免責される事由としては、次のものがあります。

①　**旧債振替の制限違反**

　　保証付の融資金で保証なしの既融資金を返済したときは、返済した金額分について免責されます。したがって、つなぎ融資をして協会保証付融資

でその回収を図ることも、原則として免責事由に該当します。また、不渡返還された割引手形の買戻しに充てることや、当座貸越口座に入金することなども避けるべきでしょう。

② **保証契約違反**

原則として、信用保証書発行の日から30日以内に融資を行わなければなりません。ただし、信用保証協会の承諾を得た場合は60日まで延長することができます。また、分割貸付をすること（根保証の場合を除く）、資金使途違反をすること、融資金額と保証金額が異なること、融資期間が保証期間を超えていること、保証・担保条件が異なることなどの保証条件の違反は免責事由になります。

③ **故意・過失による取立不能**

次のような場合が免責事由となります。

- 銀行の故意または重過失により取立不能となった場合
- 固有貸付のみの回収をはかり、保証付貸付を放置した場合
- 銀行が当然行うべき保全措置をとらず、担保物件が滅失した場合
- 保証付で割引いた手形が契約不履行で不渡りとなり、異議申立預託金（返還請求権）に仮差押手続を怠った場合

📖 **用語解説：代位弁済**

代位弁済とは、債務者がその債務を弁済することができない場合に、第三者が代わって弁済することをいい、代位弁済をすると、債権者が債務者に対して有する一切の権利は代位弁済者に移転します。

📖 **用語解説：異議申立預託金**

不渡手形・小切手の振出人（支払義務者）が、不渡処分を猶予してもらうため、支払銀行に対して電子交換所への異議申立ての手続を求める際に預託する手形金相当額の金銭のこと。支払銀行は、預託を受けて電子交換所に対して異議申立てを行う。

3 責任共有制度

責任共有制度とは、信用保証協会の保証付き融資において、借入額に対する信用リスクの20％相当を銀行が負担する制度です。

従来、信用保証協会保証付き融資は、借入金額に対して信用保証協会が原則として100％を保証していました。責任共有制度の導入により、2007年10月1日保証申込受付分より、一部の保証を除いて借入額に対する信用リスクの

20％相当を銀行が負担することとなりました。

　銀行がリスクを負担する方式には、個別貸付金の80％を信用保証協会が保証する「部分保証方式」と、一定期間の保証債務平均残高に銀行の過去の保証利用状況（代位弁済率等）、責任共有割合（20％）を乗じて算出される金額を負担金として銀行が支払う「負担金方式」があり、そのいずれかの方式を銀行が選択することとなっています。

●まとめ●

　銀行はお客さまからお預りした大切なお金（預金）を融資しています。
　したがって、融資した資金は債務者から必ず回収しなければなりません。そのために、万一、融資金が回収不能になった場合を考えて、銀行は債権保全上、債務者から不動産などの物的担保を差し入れてもらったり、あるいはその融資金を保証してもらうために保証人を差し入れてもらう必要があることなどについて、理解できたと思います。

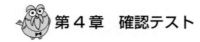 **第4章　確認テスト**

問題　次の文章を読んで、正しいものには〇印を、誤っているものには×印を（　　）の中に記入しなさい。

（　　）１．物的担保とは、特定の財産または権利を債権の担保とするもので、回収不能となった場合には、その財産を処分することで債権の回収にあてることが可能である（ただし、留置権を除く）。

（　　）２．不動産担保とは、土地・建物などの不動産に抵当権を設定して、融資金の担保とすることである。

（　　）３．不動産担保融資の場合、その不動産の所有者が融資申込人の家族の場合には、担保提供者が家族なので意思確認は不要である。

（　　）４．抵当権とは、担保として契約した目的物（土地・建物などの不動産）の引渡しを受け、債務が弁済されない場合に、その不動産を処分して、その代金から優先的に弁済を受けることができる担保物権である。

（　　）５．抵当権には、普通抵当権と根抵当権の２つの種類があり、このうち普通抵当権は、特定の債権を担保することを目的として設定されるもので、被担保債権が弁済によって消滅しても抵当権は消滅しない。

（　　）６．建物が建っている土地は、土地だけに抵当権を設定するのではなく、土地と建物の両方を抵当権の目的物として設定することが重要である。

（　　）７．保証とは、融資先が債務を履行しない場合に、融資先以外の人（保証人）が融資先に代わって債務を履行することをいい、債権者と保証人の契約によって行う。

（　　）８．連帯保証人には催告の抗弁権および検索の抗弁権はないが、分別の利益は認められている。

（　　）９．根保証とは、債権者と債務者との間の一定の範囲に属する取引によって起こる、債務者が現在および将来負担する不特定の債務を保証することをいう。

（　　）10．代位弁済とは、債務者がその債務を弁済することができない場合に、第三者が代わって弁済することをいい、債権者が債務者に対して有する一切の権利は代位弁済者に移転する。

☞解答は167ページ参照

第 **5** 章

融資の実行と管理・回収

●この章のねらい●

　融資案件について最終権限者の決裁がおりると、いよいよ融資を実行することになります。そして、融資実行時に必要な書類のチェック、さらに実行した後も融資した資金の流れに注目したり、実行した融資の担保の管理から融資金が確実に回収されるまで、融資事務は続きます。

　この機会に、しっかり学び正確な事務処理ができるよう心がけてください。

1. 稟議書の作成

　融資の申込みを受け付けてから、さまざまな信用調査を行った後、その融資が妥当であるかどうかを決裁権限者に判定してもらわなければ、融資の実行とはなりません。

　そこで、融資案件の採否について、最終決定者にその決裁を仰ぐために、「稟議書」を作成します。稟議書には、決裁に必要なあらゆる判断資料（たとえば、信用調査表、取引状況表、保証人調査書など）を添付して、これまで**調査した内容を正しく伝える**という役割があります。

融資申込みの趣旨などを簡潔にまとめることがポイント

　稟議書は、融資課長や副支店長、支店長に達するまでの間に、取引先からの申し出に対して銀行側の融資条件がつけられ、適宜修正されていくのですが、営業店では、稟議書作成以前の段階で役席者を交えて協議したうえで融資条件が整い、支店長の決裁を得る、という流れが一般的です。

1 店内稟議と本部稟議

　通常、金融機関では、融資手続の迅速化や事務の簡略化から、融資決定権限の下位委譲が行われていて、たとえば支店長決裁、融資部長決裁、常務会決裁などと、権限区分が明確にされています。

　このうち、支店長権限による決裁で用いられる稟議書が「**店内稟議書**」です。店内稟議で支店長の決裁を得ると、そのまま融資実行の手続に入ります。

　支店長権限の金額は、支店の規模によって異なるようですが、これを超える金額の融資案件の場合には、本部への稟議となり、この場合に作成されるものを「**本部稟議書**」といいます。本部稟議書を出すかどうかは支店長が決定し、本部稟議書に「支店長意見」が記述されて、審査部の採否を仰ぐために本部へ送付されます。

2 稟議書の記入事項

　稟議書は、各銀行でそれぞれ制定された形式のものがありますが、現在はオンライン化が進んでおり、取引先名、所在地、資本金、業種、融資取引状況、預金取引状況、保全状況などが、支店の端末機を通じてデータが得られます。

　稟議書には、融資の申込みについて、次のような事項を明確に記入しなけれ

ばなりません。

- 融資申込人の現在までの**取引状況**と**信用状態**
- **資金使途と必要理由**

　　資金需要発生の要因と必要性について、簡潔・明瞭に記入します。

- **所要金額と調達計画**

　　所要金額や調達計画を明確に記載し、その妥当性と当行への融資申込額が適正な金額であるかどうかなど、検討結果を記入します。

- **融資期間と返済原資**

　　資金使途や所要金額、調達計画から、融資期間が適正なものであるかどうか、また、返済原資に充当されるのは何か、それは確実なものかなどを検討・確認して記入します。

- **貸出金利と返済条件**

　　適用利率と、期日一括返済か分割返済かを記入します。

- **融資金の保全方法（担保・保証）**

　　保全について問題はないかどうか、問題があるなら、それをどのように補完するのかを記入します。

- **担当者の意見**

　　この融資をとり上げた理由、将来の方針など、担当者としての意見をはっきり記入します。

③ 稟議書の付属資料

　融資案件について調査し確認した資料を、稟議書の付属書類として添付し、あわせて提出します。付属書類には次のようなものがあります。

- 融資申込書
- 信用調査表と調査資料
- 取引状況表
- 資金繰り表、残高試算表
- 割引手形明細表（現在割引している手形と今回割引申込みの手形明細）
- 見積書と設備資金計画表（設備資金申込みの場合）
- 財務諸表と財務諸表分析表
- 保証人調査書と調査資料（保証人を求める場合）
- 不動産担保調査書と調査資料（不動産を担保とする場合）

2. 融資の実行にあたって必要となる書類

　稟議書が決裁されると、稟議書面の実行予定日（お客さまが希望した日）に融資を実行することになります。

　融資を実行する場合には、実行日までに必要な書類をお客さまに揃えてもらい、提出してもらわなければなりません。

　稟議内容については、申請どおりに決裁される場合と、条件付で決裁される場合があり、その決裁条件によっては、必要書類や記載内容が異なりますので、実行までに必ず書類を確認しなければなりません。

　このとき、お客さまが従来からの顔見知りであるからとか、常日頃親しくしているため、後で揃えてもらえばいいと、一部の書類が不備のまま、または条件不履行のまま、便宜的に取り扱うことは絶対に避けるべきです。

必要書類不備のままの取扱いは厳禁

　書類の不備や条件不履行のままで融資を実行すると、条件違反融資となり、決裁者から、融資担当者はもちろん責任者も含めてその責任を問われることがありますし、融資担当者として業務に取り組む姿勢が疑われることにもなります。

1 内部規程と条件違反

✏ **重要**
条件違反による融資は厳禁

　稟議承認を得るために付けられた条件に違反する融資を行うと、銀行の取締役等の役員の任務違背となり、融資債権回収も不確実になることがあります。

　条件違反の事実の大小によっては、内部規程に違反したものとして、銀行内部の処分にとどまることもありますが、銀行に損害を与えた場合には、銀行は役員等に損害賠償の請求をすることができます（会社法 423 条 1 項）。また、銀行の役職員は不良貸付を行ったことについて背任罪（刑法 247 条）、特別背任罪（会社法 960 条 1 項）などに問われることもあります。

　さらに株式会社の場合、条件違反の融資を行った取締役等の役員は、銀行の株主等の第三者から損害賠償請求を受ける可能性もあります（会社法 429 条 1 項）。

2 新規融資と継続融資によって必要書類が違う

　融資の実行に必要な書類は、はじめて融資取引をする場合と、すでに融資取引のある場合とでは、その書類の内容が変わってきます。

　はじめて融資をするお客さまの場合には、すべての書類が必要です。

　継続融資の場合には、新たに融資条件がついて、たとえば不動産を担保に入れることになった場合などは、担保差入れに必要な書類の提出を依頼することになります。

　なお、継続融資とは、手形書替や貸増し融資（たとえば、20,000千円を新規に融資し、既融資分の10,000千円の手形貸付を返済してもらう）、または、融資が条件どおり返済されない場合や、不動産を新たに担保とする場合、割引を継続的に行うなどの融資をいいます。

　とくに条件がつかない継続融資の場合には、これまでの融資の際に差し入れてもらった書類がありますから、債権証書関係のもの（借用証書、約束手形、商業手形など）だけを提出してもらうことになります。

3　新規融資取引の場合は銀行取引約定書を取り交わす

重要

　はじめて融資取引をする場合は、原則として、「**銀行取引約定書**」を取り交わします。銀行取引約定書には、融資取引の基本となる条項が記載されていて、債権者（銀行）と債務者（お客さま）は、この約定によって拘束されることになります。

☞ p. 21

　実務のうえで注意すべきことは、この約定書を**しっかりと読んでもらい**、お客さまの納得を得たうえで取り交わすということです。

　約定書には、債務者の**署名捺印**（なついん）（実印）と、所定の**収入印紙**（4,000円）を貼付し、**消印**（けしいん）をしてもらいます。日付は、最初の融資実行日とするのが、実務の慣行となっています。

消印☞収入印紙の再使用を防止するため文書と収入印紙とにまたがって押印すること

　また、契約内容をいつでも確認できるよう、契約書は2通作成し、債務者と銀行がそれぞれ保管します。

　銀行取引約定書は、定型的な取引内容を明文化し、取引上の便宜を図ったものです。この約定書を取り交わしたからといって、具体的な与信取引が成立するというわけではなく、また融資義務が生ずるものでもありません。

4　署名捺印と記名押印

重要

　「**署名**」は自筆で手書き（自署、サイン）が原則で、筆記用具については特に制限はありません（ただし鉛筆は不可）。これに対して「**記名**」は自分で書くのではなく、ゴム印を使って押された名前や印刷された名前、第三者が書いた契約者本人の氏名が該当します。

金融取引の書類は、ほとんどが署名捺印により取引の相手方の意思を確認する

法律では、契約書の中に、本人の署名か、本人の意思に基づく押印があれば、法的効力を持つとされています（民事訴訟法 228 条 4 項）。したがって、署名は法的効力を持ちますが、記名だけの場合には法的効力を持たないのです。

　また、どのような印章であっても、行為者が自分の意思に基づいて押印したときは法律的に有効なものとなりますが、信用度の点では違いがあります。一番信用度が高いとされているのは、言うまでもなく署名と実印で、融資契約の締結にあたっては実印を押してもらい、印鑑証明書を差し入れてもらうのが一般的です。記名は第三者が簡単に偽造できるため、単体では法的効力はありません。このため、記名に加えて押印することで法的効力を持ちます。

　なお、押印と捺印の違いについては、どちらも「ハンコを押す」という行為をさしている言葉ですが、ここでは記名の場合や印鑑を押すだけの行為は、法律の規定に準じて「押印」を使い、署名とあわせて行う場合には「署名捺印」を使うというように、両者を使い分けています。

　なお、署名について注意しなければならないことは、次の点です。

① 　個人商店の場合は、通常、個人名を記すべきで、商店名のみの記載は避けなければなりません。

② 　法人の場合は、法人名・肩書・代表者氏名が必要であり、代表者の肩書を欠くときは、法人の取引か個人の取引かが判然としないため、後日紛争を生ずるおそれがありますので、注意しなければなりません。

5 融資実行時の必要書類

　融資実行に際して必要となる主な書類は、次の表のとおりです。

　すでに融資申込時に提出済みの場合は、あらためて請求する必要はありません。

　ただし、いずれの場合でも、通常、発行日から 3 カ月以内のものを使用しますが、できるだけ直近のものを提出していただくようにしましょう。

借入申込人本人を証明する書類	印鑑登録証明書（個人の場合） 印鑑証明書・代表者の印鑑登録証明書（法人の場合） 登記事項証明書（法人の場合） 定款の写し（法人の場合）
契約関係の書類	銀行取引約定書 当座勘定貸越約定証書（当座貸越を行う場合）
債権関係の書類	約束手形（手形貸付の場合） 金銭消費貸借契約証書（証書貸付の場合） 商業手形（手形割引の場合）

保証人関係	保証約定書
	印鑑（登録）証明書
	取締役会の承認書（株式会社が保証人の場合）
預積金担保関係	定期預金担保差入証・定期預金証書
	定期積金担保差入証・定期積金通帳
有価証券担保関係	有価証券担保差入証
	有価証券現物または保護預り証
商業手形担保関係	商業手形譲渡担保約定書
	商業手形担保差入証
	手形現物
不動産担保関係	（根）抵当権設定契約書
	登記識別情報または登記済証（権利証）
	印鑑（登録）証明書
	代表者事項証明書（不動産が法人所有の場合）
	設定登記申請委任状
	火災保険証券と質権設定承認請求書
	（建物を担保とする場合）

（注）書類名等は銀行によって異なります。

3. 融資実行時の必要書類のチェックポイント

　お客さまから提出してもらった書類は、次のような点に注意する必要があります。

1 提出された書類のチェックポイント

① 提出書類は、原則としてすべて契約者本人に書いてもらいます。代筆は厳禁です。

② 保証人をつけるときや第三者が担保提供する場合は、融資実行前に必ず債務者本人と保証人、担保提供者の全員に、行員の面前で署名捺印してもらいます。

③ 提出された書類に間違った記載がないかを、稟議書、印鑑（登録）証明書、登記事項証明書などにより、**実行前に必ず確認**しておきます。

契約当事者全員に行員の面前で署名捺印してもらう

2 保証約定書のチェックポイント

保証人から差し入れてもらう約定書の種類は、保証内容によって次の3種類に分かれます。

① 貸金等根保証契約証書（新たに銀行取引契約を締結し、代表者を根保証人とする場合）

② 根保証契約証書（新たに会社（親会社）などを根保証人とする場合）

③ 特定保証契約証書（法人、個人を問わず、個別の貸出ごとの保証債務が特定している場合）

（注）これらの書類は銀行によって異なります。

3 金銭消費貸借契約証書のチェックポイント

① **契約の日付**

契約の日付は融資の実行日と一致します。しかし、抵当権付の条件がある場合、次のように、銀行によっては資金を実際にお客さまの口座へ入金する日と契約日が違う場合があります。

- 抵当権設定の書類が全部そろった日
- 抵当権設定の書類を法務局へ提出した日
- 抵当権設定が確認された日

② **債務者・連帯保証人の署名捺印と、約定書・保証契約書との照合**

本人・保証人の署名捺印が、届出印と一致しているかを確認します。

③ **融資金額、資金使途、弁済期限、弁済方法および利率と利息支払期の稟議書との照合**

それぞれの記載事項が、稟議条件と一致しているかを確認します。

④ **収入印紙の貼付**

印紙税は融資金額によって異なりますので、正しい税額かをチェックし、債務者印で消印してもらいます。

⑤ **訂正印のチェック**

記載事項が間違ったために訂正している場合は、連署人全員が訂正印を押捺しているかを確認します。

⑥ **契印・割印のチェック**

契約証書が2枚以上にわたる場合は、契約証書の継ぎ目に全員の押印（契印）が必要です。また、作成した契約証書の原本と写し、正本と副本

などのように、複数の文書にまたがって押印する印鑑を「割印」といいます。契印や割印により、同じ日に同じ内容で作成されたことを確認します。

4. 融資別実行の具体的手続

これまで解説してきたように、融資事務は、融資の申込みを受け付けてから店内協議→信用調査→稟議書作成→決裁→実行という順に流れていきます。

稟議書の決裁が済んで必要書類がすべて揃ったら、次はお客さまの希望日に融資を実行する段階に移ります。この実行の事務処理は、オンライン・システムによるコンピュータ処理で行われていると思いますが、その手順について、融資の種類別に解説しましょう。

1 手形貸付の実行手続

❶手形の形式のチェック

手形貸付は、次のような手順で実行します。

まず、手形法で定められている手形要件として**必要的記載事項**が記載されていることの確認です。そして、これらの記載内容が手形貸付の内容と一致していることを慎重に点検する必要があります。

なお、手形面上の右上にある顧客番号や手貸番号は手形要件ではありませんが、金融機関がたくさんの手形を管理するための整理番号ですから、それぞれの金融機関の規則にしたがって記入します。

❷手形のチェックポイント

①　**金額**……チェックライターによりアラビア数字で記入してもらいます。手形の額面金額は融資元本額とします。一致していることを確認します。

②　**支払期日（満期日）**……返済期日または書替予定日です。応当日が休日に該当する場合は、その翌営業日が支払期日となります。

③　**受取人またはその指図人**……手形貸付の約束手形では、融資金融機関が受取人となります。

④　**振出日（融資実行日）**……手形を振り出した日で、融資実行日と一致させます。誤って現実に暦上存在しない日（たとえば2月30日など）が記入されている場合、手形が無効となるので注意する必要があります。

147

⑤　**振出地**……通常、振出人の住所を記載します。

⑥　**振出人の署名**……手形法上は振出人の署名があれば捺印がなくても手形としては問題がなく、署名の代わりに記名捺印でもよいとされていますが、手形貸付の約束手形の場合は、あらかじめ届け出た印鑑票の署名・印鑑と一致している必要があります。また、法人の場合に注意しなければならないのは、その名称だけではなく、代表者の肩書と氏名の記載が必要なことです。

⑦　**保証人の署名**……手形面上に振出人と連署捺印してもらい、保証契約書と照合します。

⑧　**収入印紙の貼付**……手形に貼付する印紙税は、手形金額によって異なります。手形金額に応じた収入印紙が貼付され、消印されていることを確認します。

⑨　**訂正印**……記入事項に間違いがあった場合、連署人全員の訂正印が必要となりますが、実務上では訂正印によらないで、新しい手形に書き直してもらうほうがよいでしょう。

❸オンライン処理による利息計算

利息計算は、融資実行日から支払期日まで（両端入れ）の日数に、所定の利率を乗じて、コンピュータで計算されます。

付利単位は100円で、利息に円未満の端数が出た場合は切り捨てます。手形貸付、手形割引、証書貸付、当座貸越等融資の種類を問わずすべてに適用されます。

❹融資金の口座入金

融資金は、オンライン処理により、自動的にお客さまの口座へ入金されるのが一般的です。預金口座がない場合は新規口座を開設してもらい、そこに入金します。

特別の事情がない限り現金支払いは避けるべき

----

2 証書貸付の実行手続

証書貸付の実行は次のような手順で処理します。

①　**契約証書のチェック**

証書貸付の場合、まず金銭消費貸借契約証書を取り交わします。したがって、金銭消費貸借契約証書の記載内容と、約定書、稟議書の照合およびチェックを行います。金銭消費貸借契約証書の印紙税は、契約金額によって違います

② **利息計算**

　利息計算の方法は、証書貸付の場合も手形貸付と同様の方法によって計算されます。ただし、利息後取りの場合、実行時に利息計算は行わず、融資代わり金として融資金額全額が口座に入金されます。

　なお、融資先との契約（特約）で、融資実行日にいったん全額をその取引先の預金口座に入金し、2、3日後にあらためて利息を請求する場合もあります。

③ **融資金の口座入金**

　融資代わり金は、手形貸付の場合と同様の処理でお客さまの口座へ入金されます。

3 手形割引の実行手続

　手形割引の実行は、次のような手順で処理します。

❶商業手形の形式のチェック

① **手形要件のチェック**

　白地の部分があるときは、割引依頼人に連絡し、補充してもらいます。

② **裏書の連続をチェック**

　宛名どおりに連続して裏書されているかどうかをチェックします。

③ **法人と代表者間の自己取引のチェック**

　法人からその代表者へ手形の裏書譲渡を行う場合は、取締役会の承認（株式会社以外は社員総会の承認）が必要です。したがって、銀行は、代表者がその法人から裏書譲渡を受けた手形を割引する場合は、その手形の法人の裏書欄の余白に「本手形行為については取締役会（社員総会）の承認済み」の記載のあることを確認しなければなりません。

④ **手形の訂正のチェック**

　手形の訂正は手形署名者全員の訂正印がないと認められませんので、もし手形に訂正箇所があれば、正しい訂正印が押印されているかどうかをチェックします。ただし、金額の訂正については手形の支払いに直接影響するので、訂正があること自体を割引不適格とする金融機関がほとんどです。

❷商業手形の内容のチェック

　割引申込手形の内容チェックについては、稟議書の割引申込内容の調査や、割引手形明細表で確認済みですが、実際に割引依頼人が持ち込んできた手形

手形の形式不備があると遡求権の行使ができません

重要

が、稟議内容と相違ないかどうかを照合することが必要です。

手形の有効性に疑問がある場合は、**手形発生の原因調査**や取引銀行への**信用照会をする**とともに、**融通手形に関する調査**もしなければなりません。

前にも説明しましたが（90 ページ参照）、融通手形とは、商取引の裏付けがなく、資金繰りに困ったときなどに融通してもらう相手に依頼して、振り出してもらう手形のことで、その手形を銀行、あるいは金融業者などに割り引いてもらい、お金に換えて資金繰りなどに充てる手段です。

振出した相手が資金を用意し、支払期日に決済されれば問題は起きませんが、決済されなければ不渡りになることも十分考えられ、両者の間と銀行との間で、当然トラブルにもなる可能性を含んでいます。

この融通手形（融手）は、資金難や経営難の企業同士が、資金捻出のために、手形をお互いに振り出し合うもので、やがては、倒産の危険性をはらむ企業が関係することが多いので警戒する必要があります。

融通手形の多くは、一方の企業が倒産するともう一方の企業も連鎖倒産してしまいます

❸割引料の計算

割引料の計算は、手形貸付の利息計算と同じで、手形 1 通ごとにコンピュータによって算出されます（利息に円未満の端数が出た場合は切り捨て。付利単位は 100 円）。

割引料の支払方法には、次のようなものがあります。

① 割引実行時に割引手形の合計金額から差し引く方法
② 割引手形の全額をお客さまの口座へ入金し、後日その口座から割引料を引き落とす方法（預金口座振替承諾書が必要です）

❹割引代わり金の口座入金

手形金額から割引料と取立手数料を差し引いて、自動的にお客さまの口座（通常は当座預金）へ入金されます。

４ 当座貸越の実行手続

当座貸越は、手形貸付や証書貸付、割引手形のように、融資の必要書類をお客さまからもらってコンピュータ処理をし、代わり金を口座へ入金する必要はありません。1 回契約することによって、極度額の範囲内であれば、お客さまが必要なときに必要な金額だけ、反復・継続して利用することができるものです。

なお、期限は 6 カ月、または 1 年程度です。

融資実行手続としては、契約時に必要書類が揃えば、後は当座預金係が日常に行う支払手続をすることによって、それが当座貸越の実行になります。

当座貸越の利息計算は所定の決算日に行われます（利息に円未満の端数が出た場合は切り捨て。付利単位は100円）。お客さまからは、当座貸越契約に基づく約定日に当座預金から支払いを受けます。

5. 融資実行後の管理

どれも大切なことばかりです

融資事務は、お客さまから融資の申込みを受け付け、信用調査を行い、稟議書を作成してそれぞれの責任セクションで決裁を受けた後、融資を実行すれば、それで終わりというものではありません。

> 融資は実行から回収まで、長期にわたる管理が必要に

融資事務は、融資を実行した後も、その融資した**資金が確実に銀行に回収されるまで**続きます。また、担保物件などがある場合には、その処理（たとえば抵当権の抹消など）が済むまで責任があります。

融資は、回収までに数カ月から数年かかるのが普通で、住宅ローンなどの場合には、20年以上もの長期にわたることもあります。このような長期の融資金を完全に回収するためにも、実行後もさまざまな業務を行わなければなりません。

お客さまの状態をいろいろな角度から把握し、変動があればただちに対応して適切な方法をとり、未然に事故を防止することが、融資担当者の責務といえます。

① 実行後の管理業務

融資を実行した後には、融資の種類によって起こってくる固有の事柄や、保証人や担保の問題、貸出金利の問題、お客さまの取引先の倒産から、はては融資したお客さまの倒産まで、長い年月の間にはいろいろな事柄が発生します。

融資事務は、融資の申込みを受けてから実行するまでの期間よりも、実行後の事後管理のほうが長期間にわたります。

融資担当者としては、融資受付から貸出金の回収までできて、はじめて一人前と認められるのです。

まずは、実行後には具体的にどんな業務があるのかを確認してから、それぞれの具体的な対応のしかたについて、ケース別に考えてみましょう。

融資実行後の事務管理

債務者・保証人の管理	個人・法人	資格・権限の管理業況の管理
	保証人	保証能力の管理
契約証書・手形類の管理	約定書	銀行取引約定書の管理 その他の約定書の管理
	手形貸付	手形現物の管理 期日管理・返済期限管理 手形書替管理
	証書貸付	債権証書の管理 返済金の回収管理
	手形割引	手形要件の完備 不渡報告のチェック
担保類の管理	預金担保	定期預金証書の管理 担保品預り証の管理 定期預金の書替管理
	手形担保	手形要件の完備 期日管理
	有価証券担保	有価証券現物の管理 担保価値の再評価
	不動産担保	設定登記の確認 更地の管理 担保価格の洗い替え 火災保険の期日管理 （根）抵当権の抹消事務
その他の管理		保証人の変更 貸出金利の変更

書類等の管理は、担当者が代わっても完済されるまで引き継いでいきます

② 手形貸付実行後の管理ポイント

　手形貸付においては、実行後の期日管理がもっとも重要となります。

　手形貸付を実行した後は、手形の期日に融資した資金が回収されるか、あるいは約定により書替が行われるかのいずれかとなりますが、それがその期日に確実に履行されるよう管理をすることが、期日管理です。

　これについては、本部から期日一覧表（期日順に、融資金額や債務者名が一覧になっています）が回付されてきますから、返済の期日より前（1週間くらい前）に取引先別に電話連絡をしたり、お客さまが別の用件で来店された折に業況を聞きながら、**あらかじめ期日に返済が可能かどうかを判断しておく必要**があります。

手形貸付は実行後の期日管理が重要

❶手形貸付期日管理の注意事項

① 　期日前1週間くらいをめどに、期日完済となるのか、内入れ（一部返済）あるいは全額継続となるのか、見通しを立てる（稟議書で有効期限を確認しておく）。

② 　内入れあるいは全額継続となる場合は、事前に継続の稟議書を本部などへ提出し、決裁を受ける必要がある。

③ 　預金担保貸出で、預金の満期日決済については相殺を忘れないよう、事務担当者に連絡をしておく。

　　なお、預金担保預り証の回収を行うこと（未回収のため、後日トラブルとなるケースがある）。

④ 　期日連絡の際は言葉づかい・折衝態度などに十分に配慮し、礼を失した態度で詰問することのないよう注意する。

返済が遅れがちの場合は、今後の見通しなどを早めに聴取し、対応を検討します

❷返済期限を延長する場合

　融資先の業況が変わったために、融資時の予定どおりに返済ができず、返済期限延長の申込みがあった場合には、当然、事前に稟議書による本部等の決裁を受けておく必要がありますから、その時点で、お客さまから必要な事項を聴き漏らさないようにしなければなりません。また、その申し出に真実性があるものかどうかも判断する必要があるでしょう。

手形貸付の返済期限延長の申込受付時の注意事項

① 　期日延長の**具体的理由**を聴き取る（なぜ返済できないか検討する）

② 　**返済原資**を確認する

③ 　**返済延長期間**（返済予定日）を確認する

④ 　返済後の**資金繰り予定**を確認する

---

❸期限を延長する場合の法律上の注意点

　債務の弁済期を延長した場合に**更改**（こうかい）と認められると、旧債務は消滅し、新債務が発生することになり、旧債務についていた担保物権や保証が消滅することになります。

　この場合には、契約のなかで更改したものではないことを特約します。

　更改とは、給付の内容について重要な変更をするか、債権者または債務者が第三者と交替することによって、新しい債権を成立させて、旧債権を消滅させる契約をいいます。その結果、新しい融資債権が成立し、いわば融資債権の切

更改☞当事者が従前の債務を消滅させ、新たな債務を発生させる契約（民法513条）

換えが行われ、債権の同一性が失われます。

　証書貸付の弁済期の延期は、たんに支払期日の延期であれば更改になることは少ないのですが、とくに、手形貸付や商業手形の期日延期については、更改とみなされる危険がありますから、十分注意してください。

❹手形書替を行う場合の取扱い

　手形書替は、**返済期日を延期する**（同額もしくは減額の場合のみ）ために行われます。手形書替が行われた場合には、新旧手形債権に実質的同一性を認めて、**旧手形をお客さまに返却する**のが原則的な取扱いです。

　ただし、増額書替（貸増しをして増額した手形に書き替えること）や、手形の併合（数口の手形を1本にして書き替えること）は新たな債権発生とされ、原因債権が複数となりますから、同一性はないとされています。なお、**減額書替**は、原因債権に変わりはないので同一性が認められます。

　また、取引先の手形書替に安易に応じたところ、数カ月もたたずに取引先が倒産するというようなケースもありえます。それによって銀行の債権保全に支障をきたす場合もあり、たとえば取引先が破産手続開始の決定を受けたことにより、破産管財人から債権を否定されたりする場合もあります。手形書替の場合には、**取引先の信用状況に応じて対応すること**が重要です。

❺手形書替時の注意事項

①　振出人、保証人の署名・印鑑照合を綿密にし、住所も厳重にチェックする。

②　決裁稟議書に記載された期日と同日にする。

　とくに預金担保の場合は、預金満期日をオーバーしないよう、また期日が土、日、祝祭日とならないように注意する。

③ 証書貸付実行後の管理ポイント

　証書貸付は、手形貸付と違って融資期間が長期になりますので、実行後の事務管理も長期間にわたります。

　ときには、何人も前の担当者が融資した融資金を管理しなければならないこともありますから、引継ぎの時点での注意事項をしっかり把握しておき、それを忠実に実行していくことが大切です。

　また、手形貸付のように、2〜3カ月で債権証書を書き替えることもありませんから、毎月の利息や返済金が、所定日に所定の口座から引き落とされているかどうかを一覧表（債務者別に、支払日、元金、利息が一覧になっていま

証書貸付は回収まで長期にわたるので、その間の返済や担保の管理が重要

154

す）で確認します。

　もし延滞している場合には、**すぐに電話**などで**催告**し、**原因を確かめる必要**があります。電話での催告にも応じないようであれば、直接訪問して状況を把握し、場合によっては連帯保証人にも連絡し、実情を説明したうえで回収をはからなければなりません。

証書貸付の事後管理ポイント

①　毎月の元利返済金が所定日に順調に行われているか確認する。

②　延滞している場合は、すぐに催告する。

③　催告後の入金状況を確認し、的確な事後処理を行う。

---

4 手形割引実行後の管理ポイント

　手形割引は、割引実行後に本部で集中管理されている場合が多く、営業店で期日管理する必要はありませんが、当日割引した手形を本部へ送るまでに、裏書を含めて、**手形要件の完備を確認**しなければなりません。

❶割引実行後の事務管理

①　手形に白地部分があった場合には、白地部分の補充を行う。

　　ただし、原則としては、割引依頼人にあらかじめ白地を補充してもらい、そのうえで割引に応じるのが基本です。

②　最終裏書の指図人欄に自行名のゴム印を押捺する。

　　押捺欄を間違えないようにします。間違えると、裏書の連続を欠くことになり、「裏書不備」で不渡返還されることもあります。

❷不渡報告をチェックする

　不渡報告は、毎日、電子交換所から通知されます。

　自行の取引先はもちろん、**取引先の得意先**がそこに掲載されていないかどうかを、毎日注意して見ることも大事な事後管理業務です。

　電子交換所は、手形・小切手の信用秩序を維持するために、手形・小切手を不渡りにした支払義務者に対して、①不渡報告への掲載、②取引停止処分、の双方またはいずれか一方の処分を行います。

　不渡報告に取引先や取引先の得意先名が掲載されていたら、すぐに対応策をとらなければなりません。

不渡報告は、取引先や取引先の関係先が掲載されていないかを確認するために重要な通知

不渡報告への掲載は、不渡りを出した者を参加銀行に知らせるもので、不渡情報の登録があった手形・小切手の交換日から起算して4営業日目に通知されます。

この不渡報告に掲載された者について、その不渡情報登録にかかる手形などの交換日から6カ月以内に2回目の不渡情報が登録され、異議申立てが行われないなどの場合には、取引停止処分が決定し、すべての参加銀行に通知されます。

取引停止処分になると、その者は電子交換所のすべての参加銀行との間で、2年間にわたり当座勘定取引と貸出取引が停止されます。

❸ **自行の取引先が不渡報告に掲載された場合の対応策**

① 自行の融資状況を調査し、回収見込みを検討する。

　　イ．割引手形の各銘柄の信用状態の見直し

　　ロ．割引手形の決済見込額の把握

　　ハ．預金残高の把握（預金だけでなく相対的に債権保全を考慮する）

② 本人と連絡をとる。

③ 保証人に連絡する。

④ 本部にも連絡をとる（他店でもその取引先の支払手形を割り引いていることもあるため）。

⑤ 第2回目の不渡りが出たら、内容証明郵便で融資金の期限の利益を喪失させ、相殺適状（次項参照）にしておく。

❹ **割引手形が不渡りになった場合**

割引した手形が資金不足などの事由で不渡りになった場合や、交換所の不渡報告に割引した手形の振出人名が掲載されているのを発見した場合には、ただちにその対応策をとらなければなりません。

自行の取引先の得意先は、当然、割引手形の銘柄に含まれている可能性があります。この場合は、直接取引先が倒産するとは限りませんが、自行の取引先が被害を受けることは確実であり、その大きさによっては、今後の自店の取引に影響を与えかねません。したがって、これに対する対応策もとる必要があります。

このように、割引手形が不渡りになった場合、また自行の取引先の得意先名が不渡報告に掲載された場合には、具体的に次のような対応策をとる必要があるでしょう。

割引手形が不渡りになった場合、すみやかに今後の対応策を検討します

❺不渡報告に掲載された場合

① 　ただちにお客さまに連絡し、**買戻しを請求**する。

② 　**同一銘柄**について割引残がある場合には、同時に**期限前買戻しを依頼**する。

　　このとき、全額買い戻してもらえればよいのですが、事情によっては徐々に買戻しに応じる場合もあります。また、新たに手形貸付を実行し（債権保全に問題のないことが条件）、その分、振替弁済してもらう場合もあります。

③ 　お客さまの**被害額はどれくらいか**を調査する。

　　イ．**受取手形総額**はいくらか

　　ロ．**売掛金残高**はいくらか

　　ハ．**回収の可能性**はどれくらいか

④ 　割引手形**買戻し資金**はどうするかを調査する。

⑤ 　**買戻し後の資金繰り**はどうなるかを調査する。

⑥ 　**今後の売上高の減少とその対応策**について調査する。

6. 相　殺

1 相殺の要件

　相殺（そうさい）とは、債務者に返済能力がない場合、または返済の意思がない場合で、債権者（銀行）が債務者（融資先）に対して同種の債務（預金）を持っているときに、その**債権と債務を対当額で消滅させる**一方的な意思表示をいいます。

　つまり、**相手方の同意は不要**ということで、次のような要件が成立した場合に、相殺が可能となります。

❶同一当事者間に同種の債権の対立があること

　同一当事者間で、それぞれ相手方を債務者とする債権を持っていることが必要であり、対立する債権は同種のものでなければなりません。一般に、相殺に適し、また通常行われるのは金銭債権ですが、金銭以外のものであっても、同種の債権であれば相殺することができます。

❷両債権がともに弁済期にある（期限が到来している）こと

相殺の要件を満たす債権が対立し、いつでも相殺ができる状態を「**相殺適状**<ruby>相殺適<rt>そうさいてき</rt></ruby>状<rt>じょう</rt>」といいます（民法 505 条）。

銀行が融資金と取引先の預金とを相殺するときは、融資金の期限が到来していれば、銀行は預金の期限の利益を放棄して、預金の期限を到来させることができますから、両債権は弁済期が到来し、相殺適状となります。

債権が対立する場合には、銀行、預金者のどちらからでも相殺を行うことができます。ただし、相殺を行う場合は、相手への**通知が必要**になります。

相殺を実行した場合、相殺した債権債務の明細を内容証明郵便ですみやかに発信します

2 法定相殺と約定相殺

期限の到来した債権については、いつでも取引先の預金その他の債権と相殺でき、これを**法定相殺**といいます。

☞民法 505 条

さらに、取引先が期限の利益を喪失した場合や、割引手形の買戻債務を負担した場合、支払承諾の求償債務を負担した場合など、銀行に対する債務を履行しなければならない場合にも、銀行は、それらの債務と取引先の預金その他の債権とを、いつでも相殺できることを特約しています。これを**約定相殺**といいます。

なお、相殺をする側の債権（相殺をする者が有する債権）を「自働債権」といい、相殺をされる側の債権（相手方のもつ債権）を「受働債権」といいます。銀行が、債権回収のために、貸付債権と取引先の有する預金債権とを相殺する場合には、貸付債権が自働債権で、預金債権が受働債権となります。

相殺を実行した場合は、その相殺した債権債務の明細を、配達証明による内容証明郵便により、遅滞なく通知する必要があります。

7. 債権の時効

1 時効期間

時効には、一定期間、権利を行使しなければその権利を失ってしまう「**消滅時効**」があります。銀行が融資先に対する債権を行使することができるにもかかわらず行使せず、法律で定められた一定期間が経過すると、銀行の債権は時

効により消滅してしまいます。

　時効期間について、2020 年 4 月に施行された民法改正の前は、職業別の短期消滅時効や、権利を行使できる時から 5 年という商事時効が定められていましたが、これらの短期消滅時効の特例はすべて廃止され、従来の「権利を行使できる時から 10 年」に加え、「権利を行使できることを知った時から 5 年」という新しい時効期間が追加され、いずれか早いほうの経過によって完成することとされました（166 条 1 項）。

2 時効の完成猶予と更新

重要

　時効の「完成猶予」とは、猶予事由が発生しても時効期間の進行自体は止まらないが、本来の時効期間の満了時期を過ぎても、所定の時期を経過するまでは時効が完成しない、という効果を意味します。かつては、時効の「停止」という用語が使われていましたが、改正民法により「完成猶予」に改められました。

　これに対して「更新」は、更新事由の発生によって進行していた時効期間の経過がリセットされ、新たにゼロから進行を始めるという効果を意味します。かつては時効の「中断」と呼ばれていたもので、これも改正民法により「更新」に改められました。

　時効の完成猶予事由および更新事由としては、次のようなものがあります。

①　**裁判上の請求等による時効の完成猶予・更新**

　　裁判上の請求、支払督促、裁判上の和解・民事調停・家事調停、破産手続参加・再生手続参加・更生手続参加のいずれかの事由が生ずると、時効の完成が**猶予**されます。そして、確定判決等によって権利が確定したときは、その事由の終了まで時効の完成が猶予されたうえで、その事由の終了の時において時効は**更新**され、時効期間は新たにその**進行**を始めます。

　　また、確定判決等による権利の確定に至ることなくその事由が終了した場合には、時効の更新は生じませんが、その終了の時から 6 か月を経過するまでの間、時効は完成しません（民法 147 条）。

②　**強制執行等による時効の完成猶予・更新**

　　強制執行、担保権の実行、民事執行法の規定による競売・財産開示手続のいずれかの事由が生ずれば、その事由の終了まで時効の完成が猶予され、そのうえで、その事由の終了の時において時効は更新され、時効期間は新たにその進行を始めます（同法 148 条）。

③　仮差押え等による時効の完成猶予

　　仮差押えまたは仮処分の各事由があれば、その事由が終了した時から6か月を経過するまでの間は、時効は完成しません（同法149条）。

④　催告による時効の完成猶予

　　催告があったときは、その時から6か月を経過するまでの間は、時効は完成しません。ただし、催告によって時効の完成が猶予されている間にされた再度の催告は、時効の完成猶予の効力を有しません（同法150条）。

⑤　協議を行う旨の合意による時効の完成猶予

　　権利についての協議を行う旨の合意が書面または電磁的記録でされたときは、次のいずれか早い時までの間は、時効は完成しません。協議を行う旨の合意によって時効の完成が猶予される期間は、合意時から1年経過時ですが、1年未満の協議期間を定めた場合はその期間の経過時です（同法151条）。

⑥　承認による時効の更新

　　時効は、権利の承認があったときは、その時から新たにその進行を始めます（同法152条）。承認とは、時効の完成によって直接利益を受ける当事者が、時効の完成によって権利を失う相手方に対して、その権利が存在することを知っている旨を表示する行為（債務の一部弁済、利息の支払い、債権放棄の要請など）です。

3 時効の援用

　時効の援用とは、時効によって利益を受ける者（債務者、保証人など）が、時効の完成を主張することをいいます。当事者が時効を援用しない限り、時効の効果は発生しないものとされており、裁判所は、時効の援用がなければこれに基づく裁判をすることはできません（民法145条）。

8. 債務者等の死亡と相続実務

どれも大切なことばかりです

　個人債務者が死亡した場合、相続人は、相続開始の時から、被相続人の財産に属した一切の権利義務を承継します（民法896条）。したがって、金銭や預金、不動産などの資産だけでなく、借入金などの債務も同様に相続することに

相続は預金や不動産だけではなく、借金などの債務も引き継ぐことになります

なります。

　相続人が複数いる場合には、民法で定められた**法定相続分**の割合に応じて分割承継されますが、法定相続割合以外の分割承継をするためには、**債権者の同意**を必要とします。

📖 **用語解説：法定相続分**

　相続人の範囲や法定相続分は、民法900条で次のとおり定められています。

① 　相続人が配偶者と被相続人の子の場合　⇒ 配偶者２分の１、子２分の１

② 　相続人が配偶者と被相続人の直系尊属（父母、祖父母等）の場合

⇒ 配偶者３分の２、直系尊属３分の１

③ 　相続人が配偶者と被相続人の兄弟姉妹の場合

⇒ 配偶者４分の３、兄弟姉妹４分の１

　子供、直系尊属、兄弟姉妹がそれぞれ２人以上いるときは、原則として均等に分けます。

　なお、遺産は、必ず法定相続分で分割しなければならないわけではありませんが、相続税額を求めるときや、相続人同士の話し合いで合意できない場合には、法定相続分が法律上の目安となります。

1 債務を承継する相続人の確認

　債務者の死亡を知ったときには、まず貸金の回収についての判断が必要となりますが、同時に、当該債務を引き継ぐ相続人の確認をしなければなりません。

① **相続人の確認**

　相続人を戸籍謄本等で確認し、必要に応じて相続人の状況や信用状態などを調査します。

② **相続人の対応調査**

　相続人がどのような相続の方法をとるのか、また共同相続人間での相続財産（債務を含む）の配分はどのようになるのかなどを調査します。

③ **回収に懸念がある場合の対応**

　債務者の死亡で貸金等の回収に懸念があると判断される場合には、相続人と早めの回収を交渉します。また、相続人と継続的貸出取引を行うことができると判断される場合には、債務引受契約を締結するなど銀行としての方針を決定しておく必要があります。

回収に懸念がある貸金等がある場合には、その対応が重要となります

2 融資金の種類別の相続

① 手形貸付・証書貸付

これらの債務は、債務者（被相続人）が死亡してもそのまま相続人に承継され、期限の利益を喪失することもありません。

期限の利益
☞ p. 23

② 手形割引

割り引いた手形の不渡りなど買戻し事由が発生した場合は、相続人が買戻し義務を負担することになります。

③ 当座貸越

被相続人の死亡により当座貸越契約は終了し、死亡時の貸越残高が相続人によって承継されます。

④ 支払承諾

被相続人の委託によって銀行が保証した保証債務は相続人に承継され、事前、事後の求償権に応ずる義務を負担することになります。

3 特定の相続人が全相続債務を引き受ける場合

個人債務者が死亡した場合、その全債務を相続人のうちの複数人が承継したいというケースがよくあります。たとえば、債務者の夫が死亡し、共同相続人は妻・長男・長女の3人で、このうち妻と長男の2人で相続したいというような場合です。

このように、特定の相続人（妻と長男）に全相続債務を引き受けてもらう方法には、次の2つがあります。

❶併存的債務引受

① 相続人全員を債務者としたまま、そのうちの特定の相続人（この場合は妻と長男）が全相続債務を引き受ける方法です。しかし、債務を引き受けてもらった他の相続人（この場合は長女）もこれまでの債務を免れることはできず、各相続人が連帯債務者となって債務を負うと解されます。したがって、銀行は債務者全員を折衝相手として手続をすることになります。

相続人全員を債務者としたまま、特定の相続人が全債務を引き受ける

② 併存的債務引受は、相続人中の債務引受人と債権者である銀行または債務者との契約によって成立します。ただし、債務引受人と債務者との契約によって成立する場合には、その効力発生時期は、債権者の承諾の時点とされています。

③ 相続債務についていた保証や担保は、そのまま共同相続人の分割債務を担

保することになります。

❷免責的債務引受

①　他の相続人が分割承継した債務を免除して、特定の相続人が全相続債務を引き受ける方法です。この場合、すべての債務は引受人に集まり、他の債務者には責任がなくなります。

②　免責的債務引受は、債務引受人と債権者との契約によってすることができますが、その場合には、債権者が債務者に通知しなければ効力を生じません。また、債務者と債務引受人との契約によってすることもできますが、その場合には債権者の承諾が必要となります。

③　相続債務についていた保証や担保は、相続人の引受債務の全額を担保しません。引受債務の全額を担保させるためには、保証人や担保提供者の同意と不動産については登記手続を必要とします。

他の相続人の相続債務を免除して、特定の相続人が全債務を引き受ける

4 　ケース別の相続実務

❶相続人がいない場合

　被相続人に法定相続人がいなかったり、相続人全員が相続を放棄して相続人が不存在の状態になった場合、被相続人の財産は行き場がなくなってしまいます。そこで、家庭裁判所は、利害関係人または検察官の請求により、被相続人の財産を管理したり負債の清算を行う「相続財産管理人」を選任します（民法952条）。銀行は相続財産管理人を相手として貸金の回収を図ることになります。そして、相続人や相続債権者を探す手続を一定期間行った後、相続する者がいない相続財産は、最終的に「国庫」に帰属する（民法959条）こととなります。

相続人がいない場合や保証人が死亡した場合などの対応

❷連帯債務者が死亡した場合

　連帯債務者は、複数の債務者が同一の内容の給付に対して各自が全部の弁済責任を負う債務を負担しています。連帯債務者の一人が死亡したとしても、他の連帯債務者は債務全額を支払う債務を負担したままです。また、死亡した連帯債務者の負担する債務は、法定相続人が法定相続分に従って分割されたうえで債務を承継することになります。

❸保証人が死亡した場合

　保証人は銀行に対して保証債務を負っていますが、保証人が死亡した場合は、その相続人が法定相続分に応じて保証債務を相続します。

❹不動産担保提供者が死亡したときの担保の効力

　不動産担保提供者が死亡した場合、担保提供者が債務者本人であっても、第三者であっても、担保物権はそのまま有効です。実務上は、担保物件の名義を速やかに相続人名義に変えてもらうようにします。

●まとめ●

　融資は実行に際し、必要書類のチェック、とくに債務者や保証人、担保提供者の意思確認と面前による自署捺印の大切さ、そして融資が実行された後も、資金の流れや担保物件の管理に留意し、これが融資金の回収につながるわけです。

　その間に、債務者の死亡ということもあります。この機会に知識を身につけ日常業務に役立ててください。

第 5 章　確認テスト

問題　次の文章を読んで、正しいものには○印を、誤っているものには×印を（　　）の中に記入しなさい。

（　　）1．お客さまが顔見知りの場合には、一部の書類が不備のまま便宜的に取り扱うことも、ときにはやむを得ない。

（　　）2．銀行の役職員が不良貸付を行って銀行に損害を与えた場合には、背任罪、特別背任罪などに問われることがあるが、銀行は、その役職員に損害賠償を請求することはできない。

（　　）3．法律上の効果としては、署名と記名押印とで違いはないが、証拠力という点では、記名押印が一番証拠力が高いとされている。

（　　）4．保証人をつけるときや第三者が担保提供する場合は、本人と保証人、担保提供者に、行員の面前で署名捺印してもらうことが大切であり、行員の代筆は厳禁である。

（　　）5．融通手形（融手）は、世間では一般的に資金難や経営難の企業同士が、資金捻出のために、手形をお互いに振り出し合うものである。

（　　）6．融資期間の長い証書貸付の場合、もし延滞している場合には、すぐに電話などで催告し、原因を確かめる必要がある。ときには、直接訪問して状況を把握し、場合によっては連帯保証人にも連絡し、実情を説明したうえで回収をはからなければならない。

（　　）7．期限の到来した債権については、その期限のいかんにかかわらず、いつでも取引先の預金その他の債権と相殺でき、これを約定相殺という。

（　　）8．銀行など金融機関の債権の消滅時効は 5 年とされている。

（　　）9．相続人は相続開始の時から、被相続人の財産に属した一切の権利義務を承継する。したがって、金銭や預金、不動産などの資産だけでなく、借入金などの債務も同様に相続する。

（　　）10.　融資金の種類別の相続について、手形貸付・証書貸付の債務は、融資金額をはじめ借入金内容がそのまま相続人に承継され、債務者（被相続人）の死亡によって、期限の利益を喪失することもない。

☞解答は 167 ページ参照

確認テスト●解答

第1章　まず、知っておきたいこと

1．（○）　p.12 参照
2．（×）　取引先の秘密を漏らす行為は守秘義務違反に該当する。p.13 参照
3．（×）　お客さまへの可否の返事を長引かせたり曖昧な返答をすると、お客さまは受理されたものと思い込み、誤解を招くことがあり、苦情・トラブルにつながるおそれがあるので、避けなければならない。p.17 参照
4．（×）　各保証人は債務額を全保証人に均分した部分（負担部分）についてのみ保証すれば足りるという性質を「分別の利益」といい、連帯保証契約には分別の利益がない。p.18 参照
5．（○）　p.18 参照
6．（×）　契約の意思確認にあたっては、契約者本人から契約書に自署・押印を受けることを原則とする。p.19 参照
7．（○）　p.20 参照
8．（×）　「期限の利益」とは、期限がまだ到来していないことにより受ける利益のことで、融資を受けている債務者（融資先）は、期限までは返済する必要はない、ということである。p.23 参照
9．（×）　権利能力・意思能力・行為能力である。p.25 参照
10．（×）　個人と取引する際の印鑑証明書は、あくまでも本人確認のための一手段と考えられ、あわせて運転免許証なども確認する必要がある。p.31 参照

第2章　融資取引の種類は？

1．（○）　p.36 参照
2．（×）　手形貸付は融資実行の際、お客さまから約束手形を借用証書の代わりに差し入れてもらう。p.37 参照
3．（×）　当座勘定貸越約定書は、当座勘定取引を行う場合に取り交わす約定書である。p.40 参照
4．（×）　毎回の返済額が均等となるため、返済計画がたてやすいのは、元利均等返済である。p.40・41 参照
5．（○）　p.42 参照
6．（○）　p.45 参照
7．（○）　p.46 参照
8．（○）　p.47 参照
9．（○）　p.50 参照
10．（×）　受託金融機関である銀行が、委託金融機関である他の金融機関の業務委託契約に基づいて委託金融機関の代理人となり、委託金融機関の資金を代理して、取引先に融資することである。p.51 参照

第3章　融資の受付・審査

1．（○）　p.58 参照
2．（×）　まず、申込人の資格要件を調査しなければならない。p.59 参照
3．（×）　保証人の保証力だけでは返済が無理な場合もあるので、銀行は融資金の保全のため債務者本人に物的担保を差し入れてもらう。p.63 参照

4．（ ✕ ） 融資担当者としては、直接的な資金使途を確認するだけでなく、資金を必要とする真の理由などについて、その実態をしっかり把握する姿勢で対処しなければならない。p.65 参照

5．（ ✕ ） 決算書の計数分析から何を読みとるのか、そのポイントは、①利益をあげているかどうか（収益性の分析）、②経営は堅実であるかどうか（安全性の分析）、③経営は効率的であるかどうか（効率性の分析）、④企業の発展性はどうか（成長性の分析）である。p.92 参照

6．（ ◯ ） p.96〜98 参照

7．（ ◯ ） p.105 参照

8．（ ✕ ） 弁護士個人からの照会には、必ずしも回答する必要はない。p.107 参照

9．（ ◯ ） p.108 参照

10．（ ◯ ） p.109 参照

第4章　担保・保証

1．（ ◯ ） p.114 参照

2．（ ◯ ） p.114・115 参照

3．（ ✕ ） 不動産の所有者が融資申込人の家族や第三者である場合は、必ず面接して所有者の意思を確認するとともに、契約書の抵当権設定金額も所有者本人に記入してもらう。p.116 参照

4．（ ✕ ） 抵当権では、担保として契約した目的物（土地・建物などの不動産）の引渡しは受けない。p.120 参照

5．（ ✕ ） 担保された債権が弁済によって消滅すると抵当権も消滅する。p.121 参照

6．（ ◯ ） p.123 参照

7．（ ◯ ） p.125 参照

8．（ ✕ ） 連帯保証人には分別の利益が認められていないので、連帯保証人が数人いても、それぞれに全額の保証債務を請求することができる。p.128 参照

9．（ ◯ ） p.129 参照

10．（ ◯ ） p.136 参照

第5章　融資の実行と管理・回収

1．（ ✕ ） 顔見知りのお客さまであっても、便宜的に取り扱うことは絶対に避けなければいけない。p.142 参照

2．（ ✕ ） 銀行の役職員は、不良貸付を行ったことについて損害賠償責任を負わなければならない。p.142 参照

3．（ ✕ ） 証拠力という点では、署名と実印がもっとも証拠力が高いとされている。p.144

4．（ ◯ ） p.145 参照

5．（ ◯ ） p.150、p.90 参照

6．（ ◯ ） p.155 参照

7．（ ✕ ） 法定相殺という。p.158 参照

8．（ ✕ ） 2020 年 4 月に施行された民法改正により、権利を行使できる時から 5 年という商事時効は廃止された。p.158・159 参照

9．（ ◯ ） p.160 参照

10．（ ◯ ） p.161・162 参照

新訂 学習テキスト 融資業務

2011 年 3 月 10 日　初版第 1 刷発行
2023 年 12 月 25 日　新訂第 1 刷発行

編　者　融資実務研究会
発行者　延對寺　哲
発行所　株式会社　ビジネス教育出版社

〒 102 - 0074　東京都千代田区九段南 4 - 7 - 13
電話 03（3221）5361（代表）／FAX 03（3222）7878
E-mail ▶ info@bks.co.jp URL ▶ https://www.bks.co.jp

落丁・乱丁はお取り替えします。　　　印刷・製本／シナノ印刷㈱

本書のコピー、スキャン、デジタル化等の無断複写は、著作権
法上での例外を除き禁じられています。購入者以外の第三者に
よる本書のいかなる電子複製も一切認められておりません。

ISBN978-4-8283-1035-0